点亮艺术之眼

—— 伟大的博物馆

伟 大 的 博 物 馆

热那亚新街博物馆
Musei di Strada Nuova Genova

［意大利］皮耶罗·波卡尔多等 编著

孙迎辉 译

安徽美術出版社

全国百佳图书出版单位

目
录

走近伟大的博物馆／1

热那亚新街博物馆／3

主要馆藏／13

参观指南／145

艺术家和作品索引／150

走近伟大的博物馆

有句古语说道："黄金发源于美洲，活跃在西班牙，埋葬于热那亚。"实际上，在 16 至 17 世纪这段时间里，热那亚的确称得上是欧洲的保险箱。利古里亚的贵族阶层并不过于倚靠庄园领土收入，而是凭借贸易与金融活动赚得盆满钵盈，靠投机借贷生活得衣食无忧。

16 世纪中期，富有的银行家与商人团体为了彰显自己的特殊地位，在远离恶臭港口的城市郊区购置了广阔的土地，在依山傍水的丘陵区开辟了一片天地。修道院、妓院、酒馆、马术赛场以及成片的菜园与果园被夷为平地，这是为了给真正意义上的城市建设让路。这是一片直径半公里的区域，帕拉维奇诺家族、斯皮诺拉家族、隆梅里诺家族、格里马尔蒂家族与雷卡洛家族为此争得不可开交。在这片土地上坐落着后文艺复兴与巴洛克式风格的建筑，其宏伟壮丽代表了热那亚世俗阶层的最高成就。

彼得·保罗·鲁本斯是最早到访这片区域的名人之一，他在 17 世纪初期来到热那亚，为新街与奥雷路的整片建筑群所深深震撼。当时的这个地段称得上是热那亚金融界的贝佛利山。在回到故乡安特卫普后，鲁本斯对热那亚念念不忘，他命人依照新街的雄伟建筑风格，为自己也建造了一座热那亚式居所。

新街的城市建设堪称奇迹，幸运的是，随着新街博物馆的建成，我们比以往任何时候都能更加完整而直观地领略新街建筑的魅力。在这条街上的十四座房屋中，有三座对外开放，它们也成了热那亚博物馆中的佼佼者。其中白宫与红宫是历史悠久的画廊，而宏大的多利亚－图尔西宫作为市政厅所在地，则是近几年才被改造为博物馆的。

三座建筑彼此相邻，相互依傍，构成了热那亚的文化艺术中心。三者有机融合，共同成就了一座宏伟的博物馆，为参观者呈现最为完整出众的艺术珍藏。

白宫的历史最为悠久。1548 年，格里马尔蒂家族建造白宫，之后德·弗朗齐将其买下。1711 年，布里尼奥莱 - 萨勒家族收购了白宫，并开始了一系列重要的重建工作，如将房屋外墙涂成白色，白宫也因此而得名。19 世纪末，加列拉公爵夫人玛丽亚·布里尼奥莱 - 萨勒·德·法拉利将白宫赠予热那亚市政府，她要求市政府在白宫中设立公共画廊，以陈列通过收购与继承不断丰富的家族收藏。1892 年，在哥伦布发现美洲大陆四百周年之际，作为庆典活动，画廊正式落成并对外开放。1906 年和 1928 年，白宫两度重修，而第二次世界大战更是给白宫带来毁灭性破坏，使得它不得不长期关闭。1950 年，弗朗科·阿尔比尼对白宫进行重新布局设计，焕然一新的白宫展厅终于得以与公众见面。

红宫的历史可以追溯至 17 世纪末期，由布里尼奥莱 - 萨勒家族直接出资建造。布里尼奥莱 - 萨勒家族将其位于埃布里亚齐街的藏品都搬至红宫，并在 18 世纪对红宫内外墙进行了壁画装饰（外墙被刷成了红色，红宫也因此而得名）。布里尼奥莱 - 萨勒家族在红宫一直居住至 19 世纪末，与白宫一样，他们最终决定将红宫及其藏品捐赠给市政府。

多利亚 - 图尔西宫由格里马尔蒂家族于 16 世纪中期出资建造。作为格里马尔蒂家族最主要的资助人，西班牙国王腓力二世在 1575 年宣布停止向格里马尔蒂家族支付资金。尼科洛·格里马尔蒂因此破产，他不得不把尚未竣工的宫殿卖给多利亚家族，多利亚家族又将之转卖给旁系亲戚图尔西家族。热那亚共和国覆灭后，萨伏依家族在 1820 年从多利亚 - 图尔西家族手中买下了这座宫殿，并在 1838 年将图尔西宫交予耶稣会打理，图尔西宫由此成为修道院。然而在 1848 年的运动中，"嘈杂的平民"赶走了耶稣会士，图尔西宫也被选定为市政厅新址。

马可·卡尔米纳蒂

热那亚新街博物馆

作为热那亚共和国首都，热那亚对意大利最大的贡献在于其井然有序的市民生活，而直至 19 世纪末期，热那亚才出现公共收藏与博物馆。由于历史上鲜有君主统治，热那亚并没有展示君威国力的皇家艺术收藏，但值得一提的是，热那亚贵族阶层的艺术资助与收藏却毫不逊色于君主的。

布里尼奥莱－萨勒家族曾是热那亚最为富有的家族之一，他们的慷慨捐赠促成了 1874 年热那亚首个艺术博物馆的诞生，地点正位于布里尼奥莱－萨勒家族的主要住所——红宫。1892 年，红宫附近的白宫落成，热那亚市立博物馆正式对外开放。这两座宫殿在"二战"后得以重修。2004 年以来，因其丰富的藏品以及华丽宏伟的室内装饰，红宫与白宫成为热那亚博物馆中的佼佼者，而原为市政厅的多利亚－图尔西宫的加入更是锦上添花，这三座宫殿共同构成了新街博物馆群。现在，三座宫殿共同构成参观整体，在加里波第路这条著名的新街上熠熠发光。新街形成于 16 世纪中期，几个世纪以来一直是热那亚人文民居文化的典范。红宫、白宫、图尔西宫与新街相得益彰，共同代表了热那亚艺术文化的发展历程。

红宫曾是布里尼奥莱－萨勒家族的住所，在两个多世纪的时间里汇集了大量艺术藏品。布里尼奥莱家族于 1527 年正式登记成为热那亚共和国贵族，但直至 16 世纪末，布里尼奥莱家族才开始在热那亚、佛罗伦萨、佛兰德斯等地购置艺术品。17 世纪 20 年代，由于乔瓦尼·弗朗切斯科·布里尼奥莱（1582—1637）与杰罗妮玛·萨勒的联姻，布里尼奥莱家族重获繁荣，买下了安东尼·凡·戴克、格莱切托的三幅杰作，以及其他几幅托斯卡纳画派的作品，目前这些藏品仍保存于红宫。布里尼奥莱家族的许多藏品都是由安东尼·朱利奥·布里尼奥莱－萨勒（1605—1662）购得，也正是他提出修建未来的红宫。但由于他过早丧妻，潜心投身于宗教，建造计划被迫中断。家族的下一代继承人实现了父辈的愿望，于 18 世纪 80 年代完成了新街住处的建造工作，由皮耶罗·安东尼奥·科拉迪任设计师。这座宫殿分上下三层，兄

保罗·吉罗拉莫·皮奥拉
《废墟敞廊》
（局部）
1689
藏于红宫

弟二人各住一层，但在长子去世后，乔瓦尼·弗朗切斯科一世·布里尼奥莱－萨勒（1643—1694）就将大厅与三间小厅改为展厅，以陈列他所继承、购买以及委托艺术家创作的各种艺术品。除了上文提及的画家，圭多·雷尼、圭尔奇诺的画作也在这一时期被纳入收藏。布里尼奥莱从博洛尼亚购得了马蒂亚·普雷蒂的两幅作品，而多梅尼科·皮奥拉、格雷戈里奥·德·法拉利以及巴托洛梅奥·圭多博诺的画作则装饰着墙面，他们在屋顶所创作的壁画更为收藏点缀上了最为精美的画框。

18 世纪初期，在乔瓦尼·弗朗切斯科二世·布里尼奥莱－萨勒（1695—1760）的不懈努力下，家族藏品日益丰富。除了从祖母玛利亚·杜拉佐那里继承了大量的画作外，1670 年，弗朗切斯科二世在威尼斯从法国佛兰芒画家尼古拉·雷尼耶手中买入大量画家的珍品，如丢勒、保罗·委罗内塞、普罗卡奇尼、凡·戴克、卡洛·马拉蒂等。弗朗切斯科二世甚至最终买下了圭尔奇诺的一幅杰作：《垂死的埃及艳后》。18 世纪中期，三层的十个大厅已经挂满了画作，连壁龛中也悬挂着亚森特·里戈为家族主人绘制的肖像画。也是在弗朗切斯科二世的推动下，第一本家族藏品名录付梓，并于 1756 年出版发行。在名录的标题中，"红宫"的名字第一次为人所熟知，这得名于宫殿外墙的颜色。

家族藏品数量的最后一次增加归功于安东尼奥·布里尼奥莱－萨勒（1786—1863）。出于新的收藏爱好，安东尼奥在 19 世纪买下了一些 15、16 世纪画家的木版画作品。他的女儿玛利亚（1811—1888），即拉斐尔·德·法拉利公爵夫人，在对家族藏品进行清点摆放后，于 1874 年 1 月决定将红宫、家族藏品以及室内的装饰物件全部赠予热那亚市政府。在玛利亚的明确指导下，红宫美术馆正式落成。直至"二战"爆发，红宫一直对公众开放。战争结束后，由于空投的炸弹对建筑造成了毁灭性的破坏，红宫亟待彻底修复。这项艰巨的任务落在了米兰建筑家弗朗科·阿尔比尼的身上，他技艺高超、崇尚理性主义。为了还原红宫独特的建筑形式，所有无用的墙体都依设计师的意愿强行拆除，为博物馆和藏品展览腾出新的空间。在这次重建结束后几

帕尔玛·伊勒·维齐奥
《圣母与圣婴在施洗约翰
与抹大拉的玛利亚之间》
（局部）
1520—1522
藏于红宫

十年，新的整修工作再次开始，布展区域进一步扩大，以期更加完美地呈现画作与室内陈设品，对室内墙体装饰的全面修复也是重中之重——格雷戈里奥·德·法拉利、洛伦佐·德·法拉利、多梅尼科·帕罗第、卡洛·巴拉塔等18世纪湿壁画大师的作品得以与公众见面。这些壁画在战后的修复设计方案中并未得到重视，却是衡量贵族家庭地位的重要象征。

　　白宫修建于16世纪中叶，原为格里马尔蒂家族所有，后先后落入德·弗朗齐家族以及布里尼奥莱–萨勒家族之手。玛利亚·杜拉佐·布里尼奥莱–萨勒出于对次孙乔·贾科莫的疼爱，在长孙入住红宫后，她于1711至1714年出资重建了白宫，并将其赠给小孙子，使二人都拥有宏伟壮丽的住所。重建工作由贾科莫·维亚诺组织设计，他将白宫的大门设在了新街上。由于房屋外墙颜色洁白，"白宫"因此得名，这也与街对面的红宫形成呼应。1762年，皮耶罗·康多尼对白宫进行改造，多位艺术收藏家、富商曾在此居留

租住，他们与到访的壮游旅行家以及鉴赏家来往交流，互换藏品。1889 年，根据玛利亚·布里尼奥莱－萨勒·德·法拉利的意愿，白宫被交予热那亚市政府管理，同时在白宫建立"公众美术馆"。1892 年，白宫美术馆对外开放，主要展出热那亚古典艺术品。1893 年，白宫正式作为博物馆开放。

　　作为 19 世纪重要的"市民博物馆"，直至 1949 年，白宫一直承担展览画作、文物、文献与手工艺品的重任，承载了几个世纪的灿烂艺术与辉煌历史。20 世纪 20 年代，当时的馆长奥兰多·格罗索希望将一系列的博物馆整合起来，他将几家博物馆合并为一个整体，并赋予每个博物馆一个特定的主题。

乔斯·凡·克里夫
《圣母与圣婴》
（局部）
1526—1528
藏于白宫

二战的战火也波及了博物馆，战后，热那亚市政府对白宫进行了部分修复。1949 年，白宫举行了亚历山大·马尼亚斯科纪念展作为落成后的首展。1950 年，白宫正式重新开放，弗朗科·阿尔比尼与热那亚博物馆新负责人卡特琳娜·马尔切纳洛负责白宫内部的布展与装饰。卡特琳娜采取了与 19 世纪博物馆学截然不同的新式布展管理方式，这在 20 世纪博物馆学乃至今日都堪称经典。

直至 1969 年，19 世纪"市民博物馆"的理念有所减弱，博物馆更倾向主题化，但整个展览内容仍较为综合：一层囊括了丰富的湿壁画作品、雕塑、挂毯与家具，而二层则全部展出绘画作品。1970 年，白宫的展览布局有所变化：圣阿戈斯蒂诺修道院在完成修复后成为新的雕塑与湿壁画博物馆，而白宫则专门展出绘画作品。照明系统也进行了升级：展厅内，藏品展览之外的光源被全部关闭，而在此之前，灯光布置较为混乱。

卢多维科·卡拉奇
《圣母领报》
（局部）
1603—1604
藏于红宫

直至 2002 年 8 月，白宫共开放 20 个永久展厅以及 14 个藏品馆，此外还可预约开放一个藏品馆。展馆的装饰与整体布局成形于 1970 年，但自 1988 年起，展品的选择与布置有所变化，白宫逐渐呈现新的面貌。

2002 年白宫全面修复后，保留了设计师阿尔比尼的设计理念，即更为"现代"，更具有"历史感"，更能体现博物馆所应该具有的意义与价值，而非简单的只陈列历史文物。新的参观路线完成于 2004 年 5 月，包括 29 个展厅、18 个体验区、1 个丝织展品区（利古里亚丝织艺术史研究中心也坐落于此），展览一直延伸至图尔西宫内。

热那亚共和国的艺术瑰宝、1797 年革命与萨伏依改革（1855—1866）后充公的教会收藏、一系列重要的贵族遗赠（奥多内·萨伏依亲王、玛利亚·布里尼奥莱－萨勒·德·法拉利、卡洛塔·亚杰诺·德·西蒙尼、安布罗焦·多利亚等）与捐赠（康士坦丁·尼格罗、热那亚银行等），以及艺术市场与私人收藏收购，这些丰富的来源共同造就了让人眼花缭乱的白宫馆藏。

1564 年，尼科洛·格里马尔蒂（1524—1593）在新街买下一大片土地，足够建造三座与新街建筑风格一致的宏伟建筑，其中之一便是日后的多利亚－图尔西宫。建造工作于 1565 年 3 月 24 日正式启动，建筑师为多米尼科·彭塞罗与乔瓦尼·彭塞罗兄弟。广阔的占地面积、雄伟高大的建筑结构以及考究的用料（阿普安阿尔卑斯山的白色大理石、菲纳莱利古雷的粉晶石、

西蒙·武埃
《拿着歌利亚头颅的大卫》
（局部）
1620—1621
藏于白宫

普朗特普角的黑曜石）都显示出出资人无与伦比的财力：同时代的人都尊称他为"国王"，而他则主要靠投机西班牙公共债务获利。

　　建筑工期的进度我们无法知晓，但可以确定的是，1575 年，作为格里马尔蒂最主要的债务人，西班牙国王腓力二世宣布停止向格里马尔蒂支付债款。尼科洛·格里马尔蒂因此破产，他搬至马德里，试图摆脱自己的窘境。所有的建造工作被迫停止，特别是内部装饰，正因如此，图尔西宫内并无湿壁画作品。1593 年，格里马尔蒂将宫殿转卖给乔瓦尼·安德烈·多利亚，他是梅尔菲亲王，也是图尔西公爵卡洛一世的远亲。多利亚渴望拥有一座与图尔西同样规模的宏大住所，而时至今日多利亚 – 图尔西宫仍沿用这个家族的贵族头衔。

　　两个世纪以后，1820 年 1 月，萨伏依家族从图尔西公爵夫人玛利亚·乔瓦娜·多利亚手中买下了图尔西宫，这里由此开启了其"皮埃蒙特历史阶段"。萨伏依家族完成了房屋的背部装修，建造了钟塔，还在室内增添了丰富的装饰陈列。图尔西宫有一段时间由耶稣会实际管理，并于 1850 年 6 月 15 日成为热那亚市政厅所在地。

　　在 2003 年到 2004 年的整修结束后，图尔西宫三层作为新街博物馆的组

成部分，全面对外开放：除了延续白宫美术馆展藏的五个展厅外，图尔西宫内还展出了不同类型的民间藏品，游客亦可领略到其宏大的空间布局。在装饰着尼科洛·巴拉比诺湿壁画的两个展厅中，陈列着举世闻名的小提琴"加农炮"——帕格尼尼希望将他的爱琴留在故乡，以及佛兰芒风格的挂毯；此外，大量的热那亚与利古里亚（阿比索拉与萨沃那）的陶瓷制品也在此展出，时间跨度从 16 世纪直至 18 世纪，其中最著名的当数两个文物药瓶，一个出自帕马托尼医院，另一个出自重症病院。有两个展厅摆放着种类丰富的古钱币，主要以 12 世纪至 19 世纪的古典钱币、文艺复兴铸币以及热那亚共和国铸币为主。热那亚人民的智慧与勤劳在图尔西宫最后一个展厅得到充分展现，这个展厅展出了热那亚共和国各种各样的官方度量衡工具。整个新街博物馆项目除了红宫、白宫以及图尔西宫外，在红宫的副楼还设有新礼堂、预约开放展厅以及研究部门（艺术史图书馆、影像档案馆、地理图像藏馆等），它们都从属于热那亚历史、艺术、图像资料中心。

米歇尔·吉安波诺

《贵族画像》，1430—1440

木板蛋彩画
53 cm × 40 cm
藏于红宫
1717 年收入馆藏

男子侧面半身的剪影被置于纯绿色背景之上，他身着奢华的天鹅绒锦缎，布料上装饰着银线刺绣的石榴图案，厚重的皮草衣领与宽大的红色帽子隐约透露出男子的异域气质。他皮肤苍白而松弛，嘴唇厚实，眼神迷离，使人联想到 1433 年随皇帝西吉斯蒙德加冕而来到意大利的一位匈牙利亲王。

这幅画作的考据过程相当曲折：起初，人们在 17 世纪威尼斯画家、收藏家尼古拉·雷尼耶的藏品中发现了这幅作品，并荒谬地认为其出自列奥纳多·达·芬奇之手，热那亚贵族朱塞佩·杜拉佐随后将画作买下。20 世纪初，由于在形式与技巧上的精湛工艺，此画作备受推崇，被视为"国际哥特主义"风格最为杰出的代表作品。从钱币学式肖像角度看，这幅侧面像似乎与皮萨内洛作品的风格颇为相似，学界也曾为此进行过激烈的争论，但最终普遍认可吉安波诺为其作者。

木板油画
52 cm × 33 cm
藏于白宫
1953 年收入馆藏

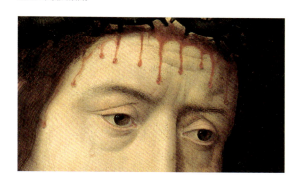

汉斯·梅姆林活跃于比利时布鲁日，因其所创作画像及祭台装饰屏高雅考究，在极短的时间内便获得了声名与财富。

他的作品一般是为当地资产阶级的权贵而作，画像往往尺寸适中、构图有序，成为贵族身份的象征。这幅画现藏于白宫，原保存在佛罗伦萨贵族教堂之中，作品起初是作为家庭宗教双联画屏的左半部分，而该作品的右半部分则是一幅圣母祈祷像，现为私人收藏。

作品的空间布局揭示了画家深厚的人物艺术文化底蕴，他运用自己时代独特的意大利式绘画方式，对双联画中的母子关系进行了诠释，其中他特别学习了安东内洛·达·梅西纳的绘画风格。画家的油画技艺有着浓厚的佛兰芒风格底蕴，他对于作品完整性的处理精妙细致，使其呈现于温和的光影之中。这种光影效果来源于多个彩色半透明草图的重复叠加，最终在木板上呈现出一个极为光滑的表面，并掩盖了画笔的痕迹。人物双手的描绘体现出画家对于透视法的深刻研究，更为作品增添了深邃感及立体感。画家利用光影，将耶稣基督四分之三的面部侧影呈现给观众，构图细致而精准。作品保存得完好，这归功于画家的高超技艺，因而此幅画作也成了一系列同类肖像画的范本，但梅姆林并未对这些作品进行直接指导。在对早期佛兰芒及意大利式画法关系的研究中，该作品也承载了极高的文献学及历史学价值。

画家对于草图的描绘无比精准，荆冠刺伤流下的血滴以及泪水仿佛宝石一般，烘托了耶稣的庄重之美，传达出耶稣的极度伤痛之情，将肖像进一步升华成圣像。

卢多维科·布雷亚

《耶稣受难图》，约 1485

木板油画
208 cm×107 cm
藏于白宫
1889 年收入馆藏

　　15 世纪到 16 世纪间，威尼斯人卢多维科·布雷亚曾是利古里亚艺术圈中的一位重要人物：在近三十年的时间里，他活跃于这个艺术圈，完全融入当地的艺术氛围中，也做出了自己的贡献。实际上，布雷亚是一名国际哥特主义形象艺术文化的信徒，他深受佛兰芒派以及皮埃蒙特和伦巴第式绘画的影响，其中维琴佐·弗帕的教导更是对他影响深远，1490 年，布雷亚曾与其合作过。

　　这幅画原是多联画屏的中间部分，其他的部分描绘了圣尼古拉·达·托伦蒂诺、圣维琴佐·费雷利以及捐赠者的形象，目前保存于布拉格国家美术馆。还有一部分则是圣彼得的半身像，现保存于白宫。这幅作品原保存于阿美尼亚圣巴托洛梅奥教堂，根据 17 世纪史学资料记载，应是接受比亚乔·德·格拉迪的委托创作而成。比亚乔·德·格拉迪是教堂中一个礼拜堂的建造者，他本人也于 1481 年葬于此礼拜堂。这幅《耶稣受难图》的绘制时间可追溯至约 1485 年，因其鲜艳华丽的色彩运用而闻名。画中人物庄重肃穆，出于对佛兰芒艺术的浓厚兴趣，画家也对明亮的背景风光进行了细致描绘。

木板油画
298 cm×185 cm
拱顶装饰：185 cm×95 cm
藏于白宫
1892 年收入馆藏

菲利皮诺·利皮

《圣塞巴斯蒂亚诺、施洗约翰和圣弗朗切斯科》（右下）、
《圣母与圣婴》（拱顶装饰），1503

在作品右侧可以看到一个小旅店，旅店前方可以辨认出至少 7 个德国雇佣兵的身影，他们佩戴长矛、弓箭和弩。这一场景暗指法国查理八世于 1494 年入侵佛罗伦萨这一史实。

　　作为佛罗伦萨 15 世纪下半叶最引人注目的艺术家之一，菲利皮诺·利皮在父亲菲利波的引导下开始了其绘画生涯。这组画是他人生中最后的几幅作品之一，于 1503 年在佛罗伦萨绘制，随后被运至热那亚，放置于圣塞巴斯蒂亚诺礼拜堂的祭坛之上。该礼拜堂由弗朗切斯科·罗梅里尼下令在圣泰奥多罗教堂内建造。在装饰屏上被箭射伤的圣徒一旁，绘有热那亚的保护神施洗约翰，他正用手指向圣徒，而另一侧的圣弗朗切斯科正为他献上象征着殉教及凯旋的十字架。

　　三位圣人身后的建筑遗迹并不意在"烘托"场景，而是点明主旨：在旧时代式微之时，新的基督教世界刚刚萌芽，战胜了异教世界。作品暗含了蜥蜴与蛇的斗争，蜥蜴享受上帝所赐的阳光，而蛇则藏匿于古城墙的缝隙之中，殉难者被绑在石柱的底座，底座两侧雕刻着两只邪恶的鸟身女妖，中间则是一块铭牌，指明画中时代是戴克里先和马克西米安统治时期。画中的风景使人想到幽美的托斯卡纳田野风光，带着塔楼的城市剪影在背景中依稀可见，这样的风景如今在佛罗伦萨仍可寻到。

阿尔布雷希特·丢勒

《年轻人画像》，1506

木板油画
46 cm×35 cm
藏于红宫
1717 年收入馆藏

该作品的作者是德国最负盛名的艺术家、画家以及雕刻家丢勒。画作上方，画家亲笔留有"1506"的字样，我们因此得以推测这幅作品完成于 1505 年到 1507 年间，即画家第二次旅居威尼斯时。在此期间，丢勒和往来于威尼斯的德国商人来往密切，他们的活动主要集中在德国人的客栈之中。要特别指出的是，丢勒同时和富格家族维持着友谊，这使得一些学者认为画像所绘之人很可能就是奥格斯堡这一著名商人家族的成员克里斯托佛·富格。

尽管这幅作品在过去的几个世纪里遭到磨损，画作色彩略被削弱，但作品的极高水准仍得以完整展现。画作描绘了主人公的半身像，他服饰简单，头戴暗色帽子，目光专注而热烈，似乎想要传达出他所有的情感。在这幅肖像中，丢勒将主人公沉思时的严肃、冷静和他对细节处理（例如人物左眼中窗户的倒影）的细致谨慎自然巧妙地融合在一起。同时，作品中也融入了一些北欧元素，夹杂着一种淡淡的情绪上的张力，这种张力来自他心中众多的意大利画家楷模：在这幅作品中，人们尤其可以看到乔尔乔内的影子。

杰拉尔德·大卫

《切尔瓦拉的圣杰罗拉莫多联画屏》，1506—1510

栎木板油画

《圣母与圣婴》：153 cm×89 cm

两侧板画：152 cm×64 cm

《耶稣受难图》：102 cm×88 cm

藏于白宫

1892 年收入馆藏

这组多联画屏原保存于切尔瓦拉的圣杰罗拉莫本笃会修道院，该修道院坐落于热那亚东部。画家的名声、作品的尺寸、非凡的艺术水准以及画作氛围所营造的独特吸引力，都使得这幅作品成为利古里亚佛兰芒派艺术作品中的佼佼者。

这是一幅七联画屏，其中最主要的三联现已在白宫展出，这三联分别是《圣母与圣婴》（也称《葡萄圣母》）、《圣杰罗拉莫与圣本笃》以及中间顶部的《耶稣受难图》。其他几联画屏目前藏于纽约大都会博物馆（《天使报喜》与《圣母领报》）和巴黎卢浮宫（拱形画《圣父赐福》）。图中的三幅画屏通过地板的透视法效果、宝座的建筑结构以及作为圣女和两位圣人身后背景的"百花"挂毯，在空间上构成了连续性与完整性。在画作中央，圣母玛利亚端坐于宝座之上，她怀抱耶稣，从一串葡萄上帮他摘下一颗。十字架暗指牺牲，而圣餐葡萄则代表着救赎。圣母的手势和她明显远离的姿态表明了她对于儿子所要面临的命运不得不接受的痛苦，耶稣的目光在这寂静肃穆的场景中也显得格外突出：他凝视着观看者的双眼，暗示为了救赎世间众人，他将洒下鲜血。

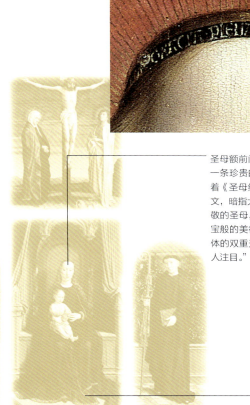

圣母额前闪耀的宝石镶嵌于一条珍贵的织物上，上面绣着《圣母经》起始的那段经文，暗指大卫王的话语："尊敬的圣母，您有诸多如同珍宝般的美德，您因精神和肉体的双重光彩而变得更为引人注目。"

"百花"挂毯象征着天堂，挂毯上饰有代表不同意义的花（玫瑰意指殉教，紫罗兰暗指基督教信徒，百合代表少女），同时也象征着迎接圣人的天国之地。

圣母玛利亚庄重的气质源自她大卫家族的出身，以及她耶稣之母和天主之妻的身份。裙摆边缘的金色刺绣为《圣母经》词句，反复颂扬圣母玛利亚的肃穆与庄严。

帕尔玛·伊勒·维齐奥

《圣母与圣婴在施洗约翰与抹大拉的玛利亚之间》，
1520—1522

木板油画
71 cm×108 cm
藏于红宫
1889 年收入馆藏

　　帕尔玛·伊勒·维齐奥是 16 世纪威尼斯艺术画派的重要成员，这幅作品是其代表作之一。他曾就读于威尼斯的乔瓦尼·贝利尼学院，后来画风受到乔尔乔内以及提香的影响。

　　这幅画可追溯至 1520 至 1522 年间，画中的半身人物与明亮的风光背景完美融合，展现了 15 世纪至 16 世纪威尼斯画派光线运用的典型手法。圣母两旁的人物呈对称分布，这出自对贝利尼作品的学习借鉴。而衣褶华丽的流线、抹大拉的玛利亚与施洗约翰庄严的神情、自然分明的空间结构，都体现出在后文艺复兴风格上的成熟。作品色调鲜艳，圣母斗篷的深蓝色压过了抹大拉的玛利亚衣服暗淡的灰蓝色，而抹大拉的玛利亚的服饰颜色又与施洗约翰长衫的灰色以及外袍的草绿色形成对比。女人们目光柔和，施洗约翰的卷发浓密柔软，画家对于细节的精益求精（比如抹大拉的玛利亚右臂酒红色的天鹅绒衣袖）、对于整幅作品的完美构图，都使得这幅作品有足够资格成为他绘画生涯中的杰出作品。

皮尔·弗朗切斯科·萨奇

《圣隐士保罗、安东尼奥和亚拉廖内》，1523

木板油画
168 cm × 141 cm
藏于白宫
1931 年收入馆藏

作品的署名落款为 1523 年，系萨奇接受帕斯夸雷·弗勒纳里的邀请创作而成，原放置于圣塞巴斯蒂亚诺教堂祭坛，有可能是《埃及特白德圣隐士的五组故事》中的一幅。在这幅作品中，萨奇试图抛弃中世纪多联画屏的概念，创作出一幅独立而完整的祭坛画。画中人物的形象与风景和谐融合，画面平衡而统一：无论是在人物处理抑或环境处理上，艺术家都保留了他在细节上的精雕细琢，这种对于自然主义的细致考究也表明了他对佛兰芒派画作的独特兴趣。正是在那几年间，大量佛兰芒派艺术作品涌入了热那亚。

此外，画面的平衡构图中也显露出伦巴第古典主义对画家的深刻影响。这幅作品蕴含了丰富的象征意义：圣安东尼奥递向圣保罗的面包代表了耶稣的肉体，而圣保罗头顶的棕榈树则象征着殉教，右下方的金翅雀暗指耶稣受难，落于树梢的乌鸦预示着不吉之兆，圣保罗脚下的蜥蜴预示着基督的复活，而最后那用自身血肉喂养幼鸟的鹈鹕则强烈地象征着基督仁慈、仁爱的精神。

乔斯·凡·克里夫

《圣母与圣婴》，约 1526—1528

木板油画
61 cm×45.5 cm
藏于白宫
1937 年收入馆藏

该作品现保存于白宫，是画家最为精妙绝伦的作品。作品融合了佛兰芒画派与德国、意大利和法国的一些代表元素：在风光背景的构图方式上，画家尤其受到了丢勒及达·芬奇绘法的影响。

圣母一身红装，正面而坐，呈四分之三面人像，栗色的长发在一层透明的薄纱之下，整个画面极为优雅。圣母低垂的目光凝视于一根细弱的、长满披针形树叶的树枝，上面挂着一颗淡绿色的果实，像是一只梨。圣母的红色斗篷雅致精妙，衣褶自然垂下，在其边缘绣有金色图案。斗篷底下隐约可见一件蓝绿色的长衫，手腕及衣领处饰有皮草花边，这是当时非常时髦的佛兰芒式穿法。浑身赤裸的圣婴正在圣母的臂弯里沉睡，他的脑袋垂向圣母的一侧肩膀，一只手轻轻地握住圣母的手。在人物的肩膀上方，我们可以看到窗户外面的风景，画家通过大量典型的佛兰芒画派细节描绘，突出了整个画面的细致纯净：有些树木被连根拔起，这或许象征了人类的罪恶。清亮的光线照亮了整幅画面，烘托了作品中宁静温暖的氛围，避免了浓重的戏剧化模式。

莫雷托·达·布雷西亚

《男性肖像》，1533

布面油画
94 cm × 79 cm
藏于红宫
1750 年收入馆藏

　　这幅作品完整地展现了 16 世纪流行于伦巴第地区的典型肖像画法，在这类肖像画中，称颂人物的赞美意图明显让步于追求自然的现实主义，对于人体特点的描绘更为真实准确。画面注重渲染情绪，通过一系列的象征及暗示，讲述人物的生平与志趣，而人物往往被塑造成富有涵养的社会精英形象，只有他们能理解画面所传达的信息。

　　许多学者认为此画中的人物便是锡耶纳的医生兼植物学家安德烈亚·马蒂奥利，他博学多识，目光神秘地看向远方，手指指向一个观赏者所不能看到的物体。他整个人被外部的光源照亮，画面因此产生了强烈的明暗对比，而画家又利用细腻的银色色调，将这种对比予以减弱。他的服装是律师或精英人士的典型穿着，而摊开的书更印证了他所从事的工作并非体力劳动。墙上的爬山虎、书旁的玫瑰及铃兰，都显示出他对于植物的热爱，但或许也有着更深层次的暗示：爬山虎是刚毅顽强以及友谊的象征，与之相反，玫瑰则是脆弱的代表。画面左上方的落款（不是亲笔落款）可以翻译为"心灵之慰藉"，暗含之意为学习研究是人类心灵的港湾。

布面油画
193 cm × 257 cm
藏于红宫
1748 年收入馆藏

帕里斯·博尔东

《圣家族与圣杰罗拉莫和圣卡特琳娜》，约 1535

帕里斯·博尔东是提香的学生，他从提香那里习得了处理绘画材料的技法，使得画面色彩与光线色调相协调，这也是威尼托色彩主义的典型特征。这幅优美的神圣的油画可追溯至约 1535 年，画面背景为室外自然景色，光线柔和自然。画中人物神情平静庄严，与四周的环境和氛围完美融合，他们的手势给画面带来了一种亲切的温情气氛。人物描绘呈曲线式构图，圣卡特琳娜提起外衣，庄重地前行，圣杰罗拉莫凝视着圣婴，而圣婴则转过头去，朱塞佩和玛利亚充满爱意地抱着他。

画面右侧，两个小天使为了获取果实，在一棵苹果树周围徘徊，这把我们引向了画家的一个颇为有趣的爱好：他热衷于在自己的画作中加入帕里斯的传说中具有象征性的果实，因为帕里斯与他同名。在红宫收藏的众多作品中，这幅作品是少有的几幅没有记载出处的画作。人们倾向于这幅作品来源于 17 世纪红衣主教莱奥波尔多·德·美第奇的佛罗伦萨藏品。但关于画作人物的描述中提到"我们的圣母在青青绿草之间，年老的朱塞佩爱抚着我们年幼的主，圣杰罗拉莫正在阅读"，其中并未对圣卡特琳娜的存在有所提及，所以这种假设还有待证实，作品的来历目前仍是未解之谜。

詹·马苏斯

《仁爱》，1549—1550

栎木板油画
126 cm×93 cm
藏于白宫
1866 年收入馆藏

马苏斯在自己流放期间（1544—1555）完成了这幅作品。他为了追求路德式的理想而远离佛兰德斯，行遍法国和意大利，并曾大约于 1549 至 1550 年间在热那亚居留。现保存于白宫的《仁爱》是一件非凡的作品，同时也是集 16 世纪安特卫普画家思想之大成的标志性画作，当时的画风主要融合了广为借鉴的古罗马模仿主义以及佛兰芒传统画法。

姑且不提作品对于意大利技法的直接运用，仅仅是对它的借鉴已然非常明显：对于风景的勾勒显然取材于达·芬奇，而构图则是拉斐尔式、米开朗琪罗式乃至科雷乔式的。更令人惊奇的是，马苏斯在面对这些大师时所采取的扬弃态度使得作品超越了简单的模仿与攀比，成了一件原创且独特的艺术品。作品底层的景色烘托了画面上层宏伟的人物形象，女子流露出的丰满性感被庄严精准的立体建筑构图所减弱，而四周环境的庄严肃穆也与透明的色彩形成对比。仿古的建筑元素更加印证了画家"古罗马主义者"的艺术倾向。

皮耶特·埃特森

《厨娘》，1559

栎木木板油画
171 cm×85 cm
藏于白宫
1895 年收入馆藏

　　厨房内部和市场场景都是最常出现在这位佛兰芒大师和他侄子约阿希姆·布克莱尔绘画中的主题，这些场景反映了当时经济和社会翻天覆地的变化，而正是这些变化使得荷兰成为重要的生产中心和商品流通中心。在这些场景中，丰盈的食品被反复赞扬，以至于这类主题摆脱了它们以往在圣经故事中所具有的次要地位，如同我们在这幅 1559 年由埃特森完成的油画中所见到的一样，一跃成为独立存在的主题。

　　场景中强烈的自然主义通过许多细节展露无遗：穿在铁签上的鸡肉，年轻厨娘因工作而变得肥大粗糙的双手。这种技法高超的现实主义饱含着暗喻的意味，它将神学象征与某种程度的情欲相结合。画作尺寸比一般作品高且窄，这是由于最初它是作为装饰物被置于两扇窗户之间的狭窄墙面上。高大的人物与近景中的静物相得益彰，画家通过连续的透明色彩图层烘托出物体的立体感，底层的草图痕迹依稀可见。此类型的画作于 16 世纪末期至 17 世纪初期进入意大利，为热那亚肖像画的独特发展打下了坚实基础，这些特色在著名画家贝尔纳多·斯特罗齐的作品中得到了最完美的诠释，他的这类画作现保存于红宫。

卢卡·坎比亚索

《烛光圣母》，1570—1575

布面油画
140 cm×109 cm
藏于白宫
1926 年收入馆藏

这幅画或许是热那亚画家卢卡·坎比亚索最为知名的作品，在完成这幅画作以后，他便结束了在西班牙国王腓力二世宫廷中的任期。整幅画的绘制过程极为繁复，起初画家以大量的摹本作为基础，后以近乎几何学般精准的构图方式创作出了基本画面。画家严格控制色调，在色彩选择中只运用简单和谐的同色系色彩。

出于对天主教宗教改革的拥护，画家为作品设定了"夜晚般"基调，而极富感染力的家庭生活氛围则强调了出资人的虔诚，进一步加强画面的神圣感。《烛光圣母》得名于画面边缘所出现的蜡烛的微弱烛光。实际上，圣母玛利亚微微前倾哺乳圣婴的姿势，画面下方等待圣婴的摇篮，圣安娜悬起纺纱后慈爱地让小乔瓦尼保持安静的姿势，以及朱塞佩正要回到另一个房间留给女士们一片私密空间的背影，都在外部清冷的侧光下得到了烘托。值得注意的是，耶稣是唯一没有留在半明半暗光线中的人物：耶稣那富有珍珠般光泽的身体似乎在发光，这给画面中简朴的日常场景带来了一丝神秘的气息。

保罗·委罗内塞

《朱蒂塔和欧罗菲尔内》，约 1580

布面油画
195 cm × 176 cm
藏于红宫
1717 年收入馆藏

根据《圣经》记载，以色列寡妇朱蒂塔为了从亚述军队的包围中解放伯图里亚城，诱惑了统帅欧罗菲尔内，将其头颅砍下并把他的首级从城墙之上展示给亚述军队。惊慌之下，亚述军队溃散撤退。

从 1650 年摩德纳大公弗朗切斯科一世·德·埃斯特与其派到威尼斯的使者神父乔·皮特·考德博的一封往来书信中我们可以看出，保罗·委罗内塞的这幅作品原归属于画家兼商人的比利时的佛兰芒人尼古拉·雷尼耶，他是从古齐纳伯爵手中购得的。这一事实使得我们能够确认作品的完成时间大约在 1580 年。这一时期，委罗内塞得以施展他的全部才华来描绘这一戏剧性的场景，他运用布面油彩，赋予了画面丰满而鲜活的张力。画作色彩上的高超技艺得益于一系列和谐的对比：白色床单与被砍下的首级、朱蒂塔手臂的象牙白与女仆手臂的黝黑。画家利用女仆的动作突出了人物的姿态，强调了画面的动感。许多收藏者都渴望从雷尼耶手中购得这幅作品，然而，作品最终被热那亚的朱塞佩·玛利亚·杜拉佐买下。后来，这幅画作为遗产传给了他唯一的继承人玛利亚和乔·弗朗切斯科一世夫妇，并最终由乔·弗朗切斯科二世·布里尼奥莱－萨勒继承。

为了结束被围的局势，朱蒂塔离开城市，进入敌方阵营。欧罗菲尔内邀她进入营帐，并欲行不轨。朱蒂塔假意屈从敌人的欲望，让这位亚述军队的统帅饮下葡萄酒使其昏睡，并趁其酒醉之时完成了英雄式的壮举，拯救了自己的城市。

此画作的主题在热那亚广受称赞，因为朱蒂塔这位美丽的女子利用计谋，仅凭一己之力便击退敌军，这正反映了热那亚共和国在抗击意大利其他君主国的争夺时所展现的政治态度。

在《圣经》故事中，女仆阿布拉帮助朱蒂塔将被砍下的头颅运出并展示给亚述士兵们，恐吓他们使其仓皇而逃。委罗内塞选择以摩尔女人为原型表现女仆形象：她张着布袋等着接被割下的头颅，画面呈现出近乎诡异的真实感，这与天主教改革艺术范式中推崇的神圣画面截然相反。

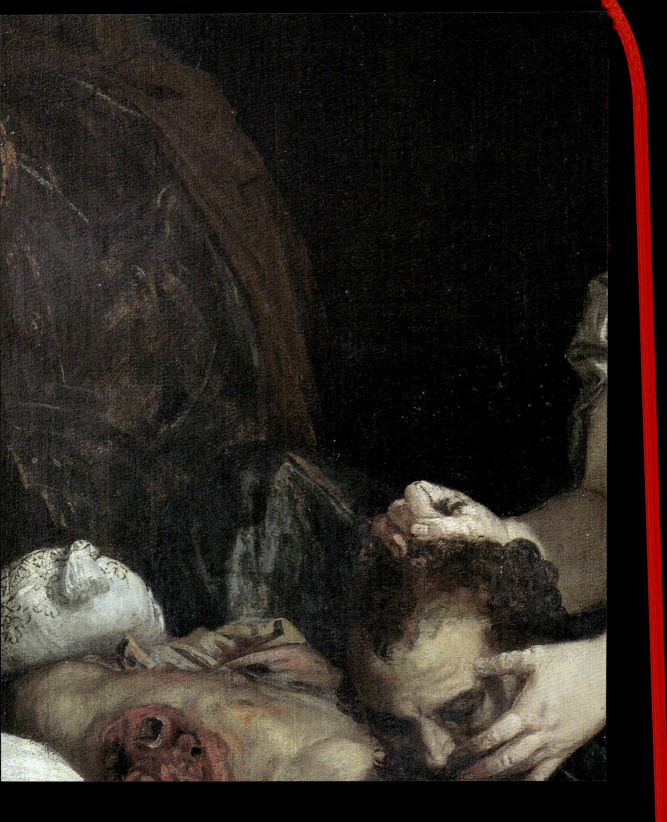

卢多维科·卡拉奇

《圣母领报》，1603—1604

铜版油画
58 cm×41 cm
藏于红宫
1684 年收入馆藏

这幅杰作是卢多维科·卡拉奇结束在罗马的短暂旅居（1602 年）后于返回途中在博洛尼亚完成的。在罗马时，他以罗马古典主义为基础，将天主教改革的道德理念融入自己特有的艺术思想中，这种天主教道德要求通过神圣的题材激发大家的虔诚之心。作品最初的创作目的纯粹是为了个人欣赏，但由于《圣母领报》画幅较小，且铜质画板格外珍贵，它成了卢多维科向古典主义献上的硕果。

画家完全摒弃了宏伟的创作手法，摆脱了每一种过于自然或过于激情的构图技巧，呈现给我们的是一幅精致细腻、充满情感的作品。画面构图比例简单和谐，透视处理细致准确，尤其体现在小天使欢乐飞翔的动感上。整个画面仿佛笼罩在淡淡的阴影中，以服饰的粉色、天蓝色和黄色色调为基础，光线呈现出精致典雅、肃穆而又生活化的氛围，营造出一种逼真的神圣感。画作所营造的场景并非遥不可及，恰恰相反，它悄无声息般地融入每个人的日常生活中，成为其中的一部分。

卡拉瓦乔

《试观此人》，1605（？）

布面油画
128 cm × 103 cm
藏于白宫
1921 年收入馆藏

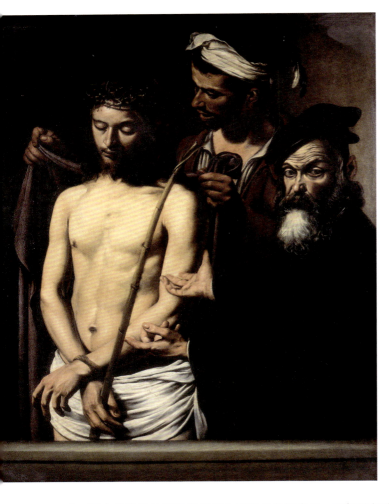

时至今日，关于这幅作品的最初起源仍无从考察。画作保存于白宫美术馆的储藏室，被发现时没有任何信息可以表明它的来源，唯一的记录是 1921 年，人们将画作视作里奥奈罗·斯巴达作品的复制品。1953 年，卡特琳娜·马尔切纳洛指示罗伯特·朗吉将画作公开展览。围绕作品起源，众多学者提出了各种假设，近几年，其中的两个假设得到较多认可：一，作品创作完成于 1605 年的夏天，卡拉瓦乔在马尔坎托尼奥·多利亚或其兄弟乔·卡洛家做客时，乔·卡洛是位文雅的艺术收藏家，这幅作品的画风也与之吻合；二，作品是早些时候卡拉瓦乔在罗马时完成的。总之，由于作品是在短时间内完成的，这也造成了今日的许多遗憾。

作品的技法与魅力是如此超凡脱俗，以至于它对当时活跃于热那亚的画家们产生了极为深刻的影响。画中光线的处理承载了极为重要的象征意义，耶稣基督明亮的身体与彼拉多暗淡的服饰形成鲜明的对比；基督表情痛苦，却又无比顺从，就如同一只真正的"上帝的羔羊"；而彼拉多的表情有些怪异，这在卡拉瓦乔的其他布面油画中也有所体现。观画者也仿佛置身于即将开始的残酷牺牲场面，紫色外袍也象征并预示着这一结局：上天决定了这场无法避免的牺牲，但当事者却心甘情愿地完成了他的历史使命。

1605 年 7 月 29 日，卡拉瓦乔在罗马与人爆发了一场激烈的争执，在这场混乱中，卡拉瓦乔杀死了他在网球比赛中的对手。为了逃避司法裁决，他被迫出逃。当到达热那亚时已是 8 月 6 日，卡拉瓦乔在热那亚停留了两个多星期，8 月 24 日，他便又一次出现在了罗马。

在最近的一次修复中，X 线照射研究揭示了作品上的诸多遗憾，尤其是耶稣的形象，这些遗憾印证了作品完成得极为仓促。耶稣的右肩和颈部在第一稿中更为健壮，而后来则进行了修改；耶稣的左手手指、头部也有所改动。

作为审判耶稣基督的法官，彼拉多通常被刻画为负面角色。在这幅画中，他用目光和双手把观画者带入作品中。整个画面真实可感，仿佛幻化为道德劝导场所，引导观众告解罪过，虔诚忏悔。

49

扬·威尔登斯

《收割干草》（又名《七月》），1614

布面油画
123 cm × 191 cm
藏于红宫
1790 年收入馆藏

　　1613 至 1614 年，在扬·威尔登斯来到意大利学习绘画之初，他很可能旅居热那亚，拜于艺术家卢卡斯和柯耐里斯·德·瓦埃勒门下。可以确定的是，1614 年，这位风景画家绘制了一系列描绘一年四季的作品，而这幅有落款的作品便是其中之一。

　　如今，这幅作品与系列中其他 7 幅作品一起被保存于新街博物馆。当时，佛兰芒画家在热那亚极为活跃，在这种环境下，这类风景画为我们提供了独特的视角，来重新看待一年中不同时节的人类活动这一主题。与 17 世纪上半叶最为著名的北欧风景画相比，这幅画作在规格、空间布局以及人物形象在不同空间位置所呈现的效果上都截然不同。实际上，扬·威尔登斯正是利用巨大的作品画幅来展现辽阔的风景。画家采用多层次细致描绘以及自然元素的透视效果，使得场景不仅广阔，更显深邃。与佛兰芒式的素描场景木板画作比较，毫无疑问，这样的作品用以装饰热那亚的贵族宅邸显然更为适合。但遗憾的是，或许是因为作品独树一帜，此类画作并没有在本地艺术市场得到广泛的推崇。

希尼巴多·斯科尔扎

《两只鸽子和一只画眉鸟》，约 1615

布面油画
直径 21 cm
藏于红宫
1684 年收入馆藏

　　在热那亚人的收藏清单以及热那亚的珍宝古籍中，多次提到了希尼巴多·斯科尔扎的画作。资料中记载，这位画家的艺术道路颇为不凡，他与热那亚大收藏家、大买主乔瓦尼·卡洛·多利亚交往甚密，诗人乔瓦尼·巴蒂斯塔·马里诺更是在其作品《画廊》（1619 年）中对希尼巴多·斯科尔扎大加称颂。比起花草树木和水果蔬菜，画家斯科尔扎更倾向于描绘富有生气的动物。这与佛兰芒绘画大师的风格截然不同，他们将静物描绘引入热那亚绘画圈，而斯科尔扎则更倾心于伦巴第风格的人物描绘，尤其是借鉴切拉诺的作品。在都灵萨伏依公爵卡洛·埃曼努埃莱一世的客厅里，斯科尔扎曾有幸亲眼欣赏到切拉诺的作品。

　　画家将圆形画面中的鸟儿刻画得十分灵动活泼，显然，他在现实生活中对鸟进行了细致入微的观察研究。他通过简练精细的笔触，对画作细节进行了精雕细琢，展现了一位袖珍画画家的卓绝技艺。绘画用色也无比精细，完美地呈现出色彩的细微变化，如对鸽子白色羽毛的细致描绘，这有别于色彩明亮鲜艳的安特卫普画派的画作。画家的这种用色风格具有极高的独创性，他是热那亚首位致力于动物绘画的画家，这种主题在 17 世纪热那亚绘画界得到发展壮大。

布面油画
127 cm×92 cm
藏于红宫
1684 年收入馆藏

圭多·雷尼

《圣塞巴斯蒂亚诺》，1615—1616

　　画作描绘的是这位圣徒的上半身，他被当作弓箭手的靶子，身中数箭而殉教。塞巴斯蒂亚诺是高卢的原住民，生活在 3 世纪至 4 世纪之间。在加入戴克里先大帝的军队后，他虔信基督教，因帮助其他被关进监狱的基督徒而被处以死刑。他俊美的身躯后是模糊的风景，画作中既没有罗马士兵的身影，也没有表现出死刑的残酷，虽然他的身体被利箭所刺穿，但是伤口处没有流一滴血。

　　很显然，圭多·雷尼为了追求某种特定的内涵，刻意忽略了场景的真实性：在理想化的形象中，塞巴斯蒂亚诺是优雅与性感的化身。迷人的凝视与殉难时身体的洁净表现出肌肉的完美。塞巴斯蒂亚诺体内仿佛有某种张力，越来越强，一直向上，在扭转的头部和"向上"的目光中达到顶峰。这种肢体的张力与动感极富古典主义风格，也是画家独特风格的标志。象牙肤色与灰蓝色天空的对比，渲染了画面的

悲剧意味，这也是 1615 至 1616 年圭多·雷尼的典型风格。这幅画是圭多·雷尼创作的最早的一版，之后他又多次完成了同样主题的画作，马德里普拉多博物馆和博洛尼亚国家美术馆都保存有相似画作。此外，这幅画作还衍生出大量的复制品。

莫拉佐内

《圣施洗约翰被斩首》，约 1617

布面油画
112 cm × 82.5 cm
藏于白宫
1836 年收入馆藏

在黑暗的监狱里，一束光从裂缝中照进来，暴露出这血腥残忍的一幕：刽子手占据着画面的主要位置，他身材威猛，腿和手臂铺设出画面的对角线，绷紧的手臂提着圣施洗约翰被砍掉的头颅，在刽子手面前的莎乐美懒洋洋的，几乎着迷一般地等待着刽子手把圣施洗约翰的头放到盘子里。圣人伤痕累累地躺在地上，而其他证人、囚犯和狱卒都只是惊愕地看着这一切。只有士兵盾牌上的狮头浮雕仿佛在向这些看客发出可怕的怒吼。

由于画作画幅不大，有人误以为这只是一个草图，然而实际上，莫拉佐内的这一杰作不可小觑：画作的结构和空间完美组合，形成强烈的情感冲突，其表现形式上充满贵族气质。莫拉佐内与切拉诺、普罗卡奇尼同为米兰博罗梅奥家族的重要代表画家，他们影响了伦巴第大区艺术家的绘画风格。这段时期，伦巴第绘画以家庭庆典和宗教宣传为主题。这股热潮深深影响了热那亚的画家，他们的画风也随之发生变化。因此，这幅画可能是莫拉佐内于 1617 年在热那亚逗留期间所作，目的在于满足某位文雅收藏家的收藏品位需求。

布面油画
97 cm×73 cm
藏于白宫
1943 年收入馆藏

贝尔纳多·斯特罗齐

《抹大拉》，1615—1617

画布的背面曾有一些注解，如今已无法辨别。这些注解证明，这幅画原本存放于圣西尔维斯特大教堂，那是热那亚多明尼加修女的所在地。人物虔诚的态度很契合这个主题，画家采用了一种悲怆的表达形式，饰以彩绘的技巧，在抹大拉手指微妙光影的交替下，使其达到了绘画技艺的顶峰。画家采用宗教改革风格的表现手法，将观众的注意力集中在妇人虔诚的忏悔上，使黑暗的背景变成一个绝妙的空间。

女子的发型表明此人为抹大拉的玛利亚，画面场景取材于福音书，赎罪的抹大拉一边落泪，一边为基督洗脚，她用长发将耶稣的双脚擦干，并用一块珍贵的香膏擦拭它们，画作左侧隐约可见的膏瓶便暗示了这一情节。从这幅画中可以看出，贝尔纳多·斯特罗齐深受伦巴第绘画自然主义的影响，作为热那亚人，他在欣赏了资助人乔瓦尼·卡洛·多利亚的收藏后，了解并吸收了这种外来的创作思想。画中人物的衣褶颜色十分讲究，引人入胜。值得一

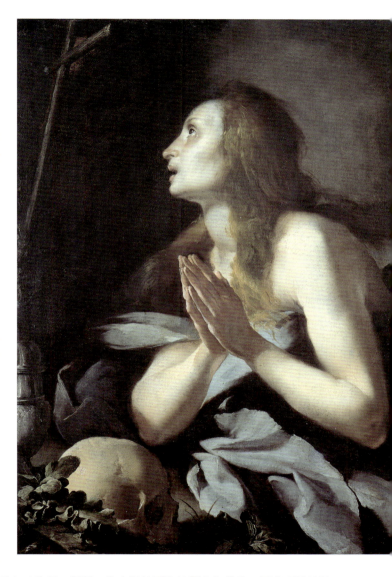

提的是，光线与色彩的表现手法明显有对彼得·保罗·鲁本斯的画作的研究与借鉴。画家巧妙地运用绘画颜料，使得画作成为 17 世纪初热那亚人物画领域中的重要成果。

奥拉齐奥·真蒂莱斯基

《怀抱孩子的圣母玛利亚》，约 1615—1620

铜版油画
30.8 cm × 20.4 cm
藏于红宫
1867 年收入馆藏

这件精妙绝伦的小幅铜面油画是画家奥拉齐奥·真蒂莱斯基的作品，他早年在托斯卡纳学习后矫饰主义画风，之后于 1576 年迁至罗马，成为卡拉瓦乔的朋友和合作者。在奥拉齐奥的托斯卡纳风格形成初期，其画风复杂，他习惯选用冷色调的配色，严谨地诠释出一种近乎概念化的卡拉瓦乔式的现实主义风格，有时还带有色情暗示与世俗化意味。

在这幅画中，玛利亚抱着孩子坐在低矮破败的台阶上，这种意象来源于谦卑的玛利亚的形象，在中世纪晚期尤为常见。铜版的质地非常好，使得至今我们仍可以欣赏到画中无损的明亮色彩，体会奥拉齐奥精湛的绘画技艺：圣母深蓝色的衣袍泛着光芒，画家通过白色的高光，突显出衣袍的一些褶皱，营造出独特的明亮效果。这种手法也体现在金黄色的丝绸服饰和柔软的纱巾上，丝巾包裹着圣母的头部，又垂到了她的胸前。绘画背面的铭文显示，这幅画是 1867 年 4 月 18 日，加列拉公爵夫人的侄女玛丽亚·绍利送给她的，以纪念其已故的姐姐玛丽亚·德·法拉利·绍利。

圭尔奇诺

《上帝和小天使》，1620

布面油画
66 cm×91 cm
藏于红宫
1748 年收入馆藏

　　这幅小幅油画是克里斯托弗·洛卡泰里向圭尔奇诺订购的，计划放置于博洛尼亚圣格雷戈里奥教堂祭坛上，祭坛的波边花纹上还写着"阿基塔尼亚的圣古列尔莫领神袍仪式"。据博洛尼亚史学家卡洛·切萨雷·马尔瓦西亚记载，订购者被画作卓越的表现手法折服，他决定自己保留原作，而将复制品放置在它原本的位置，这件复制品一直保存至 1962 年。

　　画作创作于 1620 年，是画家画风成熟初期的一件作品，主要借鉴了提香的色彩表现手法——运用大色块和鲜艳的色彩，这也构成了他绘画笔法的基础。此外他还学习了卡拉奇兄弟，尤其是卢多维科·卡拉奇的艺术手法。这种模仿融合对圭尔奇诺至关重要，他因此扩大了自己的视野，接触到了当时最新式的文化，但同时，他也并未摒弃自己秉持的自然主义，这是他创作的基础。这部作品是圭尔奇诺风格极为珍贵的代表作，采用暖色调，色块的明暗对比强烈，小天使的柔弱和一旁天父的威严形成了强烈反差。这幅画是红宫最有价值的作品之一，加列拉公爵夫人将其带到她位于巴黎的住所，因而未能出现在 1874 年的捐赠品中。该画在加列拉公爵夫人去世后归热那亚政府所有。

布面油画
158 cm×126 cm
藏于红宫
1748 年收入馆藏

圣母手中拿着的书特意被签上了"贝尔纳多·斯特罗齐长老"的名字，这幅画是斯特罗齐早期的作品，当时的他是热那亚贵族最钟爱的画家，作为一名嘉布遣会的修士，他不仅致力于协调宗教事务，同时也负责画室的运营工作。在失去了乔瓦尼·卡洛·多利亚（逝世于 1625 年）这位重要资助人的帮助后，修会开始给他的艺术创作制造麻烦，这主要是由于修会无法接受斯特罗齐用平淡庸俗的笔调来描绘神圣的事物。事实上，19 世纪的大部分批评家对这幅画的评价也都集中在这一方面："人物低贱，姿态粗鄙。"这也是弗德里科·阿里泽利在《热那亚艺术指南》（出版于 1847 年）中直言的，但同时，他也补充说："画面的明暗对比令人眼花缭乱，所有的肉体都像是真实可触的，每一件衣服和饰品的色调都非常真实。"

自然主义和色彩是这幅画的基本特征。鲁本斯浓重的色彩处理、北欧画派中对于日常生活细节的描绘、伦巴第—卡拉瓦乔风格的明暗对比，这些都在圣母玛利亚身上得到绝佳体现：她的面庞真实而不带神圣感，姿势随意，赤脚踩在果篮上，脚面因热而发红。

水果篮几乎完全借鉴了卡拉瓦乔为费德里科·博罗梅奥绘制的一幅画作，这表明了斯特罗齐对卡拉瓦乔的敬仰，以及对这种类型画，尤其是静物画的偏爱。

鲁契亚诺·波尔扎内

《基督受洗》，约 1620—1621

布面油画
252.5 cm × 163 cm
藏于白宫
1892 年收入馆藏

小天使正在阅读施洗约翰遗忘的写有哥特体文字的布条，这一有趣的场景削弱了场景整体的紧张氛围，使明暗对比更加柔和。

"为了学习画作的用色技巧，奥拉齐奥·真蒂莱斯基决心找到这幅画的作者，并前往其家中拜访，从此他们之间结下了深厚的友谊。"拉斐尔·索布拉尼在其《热那亚画家、雕塑家和建筑师的生活》（1674 年版）中这样写道：这就是真蒂莱斯基看到鲁契亚诺这幅画时的第一印象。当时这幅画作为装饰画屏，被悬挂在热那亚圣灵教堂圣约翰小教堂内。当时的祭坛画屏还包含其他 6 幅尺寸较小的画屏，但在 1798 年，利古里亚共和国下令拆除教会，这 6 幅画屏也从此遗失，7 幅画屏再也无法组成整体。这段记载也向我们揭示了画作的创作时间——1620 至 1621 年，也就是从教堂建立到真蒂莱斯基看到画作的这段时间。

鲁契亚诺早期的作品就已堪称杰作，他巧妙地将威尼托画派与托斯卡纳画派相结合。画面景色优美，不加矫饰，人物鲜艳夺目的长袍和明暗对比的光线效果，优雅地烘托出了仪式的庄严肃穆，但同时又充满热情。

布面油画
122 cm×90 cm
藏于红宫
1748 年收入馆藏

这幅画是散佚的《十二使徒》中的一幅，这一系列画作中的 4 幅藏于红宫，起初是乔瓦尼·卡洛·多利亚委托普罗卡奇尼所作，完成于 1621 年——从他写给西蒙·武埃的信里可以得到证实。奥拉齐奥·佛莱高索在给多利亚的一封书信中写道，普罗卡奇尼 12 月病重，他觉得只有《圣托马斯》出自大师之手，而其他画作品质较低，很可能出自画家的助手。然而，让学生来完成这位对他最重要的资助人的委托，这似乎不太可能。而最近的图画修复工作也证明了 4 幅画作的质量大致相同。

目前，通过将画作与彼得·保罗·鲁本斯的系列作品（收藏于马德里普拉多博物馆）进行对比，并对其殉教方式进行分析，几位圣徒的身份已经得到确认。普罗卡奇尼笔下的《圣保罗》画像雄伟壮观，这源于他曾以雕塑家的身份于 1591 至 1599 年间在米兰大教堂工作，这段雕塑经历无疑影响了他的绘画风格，尤其体现在他对于人物躯体的立体效果以及扭转体态的偏爱上。这幅画明暗对比强烈，继承了莫拉佐内和切拉诺的伦巴第风格。

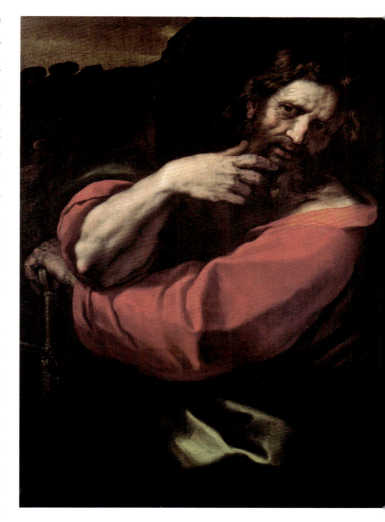

西蒙·武埃

《拿着歌利亚头颅的大卫》，1620—1621

布面油画
121 cm×94 cm
藏于白宫
1923 年收入馆藏

1620 到 1621 年间，作为资助人、大收藏家乔瓦尼·卡洛与马肯托尼欧·多利亚的贵宾，卡拉瓦乔画派的法国画家西蒙·武埃来到热那亚。很可能正是在这段逗留期间，他为乔瓦尼·卡洛创作了这幅作品。画作引用《圣经》中英雄杀死巨人歌利亚的情节，画中的大卫呈半身像，占据了画面大部分区域；光线从人物右侧照下来，突出了昏暗光线中的大卫，头部的光亮使其轮廓更加清晰。

大卫头部微扭，目光向上，望向上方的光源，这种卡拉瓦乔式的构图在画中展露无遗，而武埃则在此基础上加入了自己独特的绘画手法。他的胳膊的位置一直延伸到画面边缘，水平放置的剑增大了画面的垂直空间，在这两者的作用下，画面张力更加彰显。朴素的配色突出了白色外衣的优雅，褶皱呈对角线反射着光线，构成了画面的中心，塑造出了整个场景。光线的效果与大卫共同成就了这幅作品，大卫仿佛正在传达神的指示，这由他微微张开的嘴唇可以看出。这位年轻的英雄似乎在行动与思考之间、勇气与宗教狂热之间停住了，他细腻的动作使画面呈现出了超越人物和绘画本身的丰富内涵。

贝尔纳多·斯特罗齐

《厨娘》, 约 1625

布面油画
176 cm × 185 cm
藏于红宫
1684 年收入馆藏

　　贝尔纳多·斯特罗齐的这幅名作是 17 世纪热那亚绘画的代表, 当时的热那亚艺术以展现贵族的政治志向与自然主义志趣为主流。在 18、19 世纪的画册中, 画中的女子被更准确地称为"拔鸭毛的女人"或"女仆人", 她或许并非一位厨娘, 只是当时某个贵族家庭的厨房中充当劳力的人。事实上, 她只是一位地位卑微的厨房女佣, 画作取材于 16 世纪安特卫普画家彼得·阿尔岑和约阿希姆·布克莱尔的作品, 他们所创作的作品在当时的热那亚广为流传。

　　这幅高水平的画作, 可能是在 1625 年左右, 斯特罗齐即将离开热那亚时所作。画家在卡拉瓦乔式的构图结构上, 加入了佛兰芒式的风格: 画作依靠光线的触感来渲染环境, 使它们从黑暗的背景中凸显出来, 形成了鲜明的色彩。画家运用平稳流畅的笔触, 将颜料巧妙地混合在画布上, 其笔法摆脱了草稿的束缚, 永远印在画作上。这幅作品真实地表现了日常生活, 或许正是因为这一点, 在 17 世纪后半期它被漠然置之, 而表现宫廷主题与宗教神话故事的画作却被收藏进了布里尼奥莱－萨勒的画廊里。

女仆脖子上戴的珊瑚项链与其卑微的社会地位并不矛盾：这样的饰品并非 17 世纪初热那亚贵族常用的珠宝，但在 17、18 世纪的绘画中却频繁出现在普通民众身上。

《厨娘》的寓意涉及四种自然元素，比如飞禽是暗指空气这一元素。这样的暗喻在热那亚画派的其他作品中也存在，如在乔瓦尼·贝内德托·伽斯底里奥内的一些作品里，也能找到以单个元素指代整体的暗喻方式。

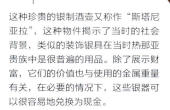

这种珍贵的银制酒壶又称作"斯塔尼亚拉"，这种物件揭示了当时的社会背景，类似的装饰银具在当时热那亚贵族中是很普遍的用品。除了展示财富，它们的价值也与使用的金属重量有关，在必要的情况下，这些银器可以很容易地兑换为现金。

扬·鲁斯

《水果静物》，1625—1630

布面油画
100 cm × 138 cm
藏于白宫
1929 年收入馆藏

　　尽管扬·鲁斯曾画过《圣经》与神话故事，在人物描绘方面活灵活现，但他真正的成就在于静物画，他在热那亚艺术界享有很高的声誉和地位，正是他使静物画从所有具象画派中完全独立出来。

　　在一块白色有褶的亚麻布上，画着三种类型的葡萄——黑色、黄色和淡绿色，以及罂粟果、南瓜、西瓜、石榴、无花果、橙子、栗子和杏仁，它们被摆放得虽显凌乱，却代表着喜庆和自然。实际上，这种摆设是刻意设计的效果，背景的圆柱、红色呢绒绸缎与右侧的银制高脚酒杯的位置都经过画家精心布局和反复研究，这种构图在画家的其他作品中也有体现。从鲜花和水果的质感上，我们能捕捉到艺术家惟妙惟肖的模仿能力，这要归功于他与安东尼·凡·戴克以及其他画家的合作。他在处理鲜花和水果时，利用自己在弗兰斯·斯奈德斯的画室学习时积累的经验，将薄薄的精致釉料与调色板调好的中性柔和色调相结合。关于作画完成日期目前尚无定论，据安东尼·凡·戴克回忆，该画作应该是在 1625 至 1630 年间完成的。

布面油画
282 cm × 192 cm
藏于红宫
1627 年收入馆藏

安东尼·凡·戴克

《安东尼·朱里奥·布利格诺 – 塞尔的肖像》，1627

安东尼·凡·戴克在 1621 年来到热那亚，因善于描绘称颂金融家的肖像画而名声大噪。作为热那亚的新贵，这些金融家热衷于追求盛名，尤其重视肖像画的宣传价值。安东尼·朱里奥·布利格诺 – 塞尔便是这些金融家中的一位，当时他是家中唯一一位成年男性，出生于 1605 年。他从外祖父那里继承了格罗波利的土地，也因此得到侯爵封号，并在 1626 年正式成为热那亚的贵族。他君王般的骑马肖像画在当时贵族中较为罕见，唯一的先例是彼得·保罗·鲁本斯几年前为大收藏家乔瓦尼·卡洛·多利亚所创作的骑马肖像画。

与鲁本斯的那幅作品相比，安东尼·朱利奥的肖像在表现形式和手法上都有根本的不同。鲁本斯丰富柔和的色彩被更为朴素的笔法取代，鲁本斯原作所生动展现的冲击力与光线的戏剧性效果在这幅画中也有所削弱。凡·戴克的人物造型轮廓更为柔和，肖像的心理活动更加深刻，夸张的姿势配合着自然热情的神情，表现出这位绅士作为一名高雅文人和著名诗人的慷慨大方和灵动机敏。从安东尼·朱利奥·布利格诺 – 塞尔的账本中可知，他付给画家288 里拉，而其妻宝莲的肖像花费 277 里拉。画家于 1627 年完成画作并收到付款，那年安东尼·朱利奥 23 岁，他妻子大约 20 岁。

安东尼·凡·戴克和扬·鲁斯

《宝莲·阿多诺的肖像》，1627

布面油画
286 cm × 151 cm
藏于红宫
1627 年收入馆藏

根据著名历史学家乔瓦尼·彼得·贝洛里在 1672 年所作的《凡·戴克传记》记载，凡·戴克很少创作肖像作品，而成组保留下来的肖像画更是凤毛麟角，这两幅安东尼·朱里奥·布利格诺–塞尔和妻子宝莲·阿多诺的肖像画便是其中的代表。宝莲的肖像是凡·戴克最常创作的构图模板，直至 17 世纪 30 年代，这一主题在他的绘画生涯中反复修改出现：一位贵妇人站立在画面四分之三处，她面朝前方，站在有廊柱的高雅露台上。通过这种画面设计，凡·戴克强调了人物的个性特点，这要归功于画家超强的绘画敏感性，在宏伟肃穆背景的衬托下，突显出贵妇人的形象。

宝莲的脸和手在深色长袍的衬托下格外突出，透露出一位贵妇人的典雅和高贵，微红的两颊掩盖不了她年轻的神采与纯真。除了着重笔墨表达人物的神情姿态，凡·戴克为了迎合在高端贵妇阶层中广受欢迎的传统，采用了佛兰芒艺术家的绘画习惯，为宝莲周围添上了一些宏伟的建筑和私人饰物。

宝莲手中的玫瑰正在盛放，但即将凋零，这是一种虚荣的象征，出自佛兰芒画家扬·鲁斯之手。扬·鲁斯在这幅画中所展现的非凡技艺使其成为能够与凡·戴克齐名的年轻画家。在热那亚居留的最后几年间，扬·鲁斯还仅仅是鲁本斯"最优秀的学生"，当时，他作为鲁本斯的优秀助手，为资助人绘制了许多作品。

出现在画中的鹦鹉为画作增添了一丝异国情调，并象征性地表明了年轻新娘的美丽只是暂时的，已经掉落在座位上的羽毛正是最好的暗示。有趣的是，随着时间流逝，原本是亮绿色的羽毛，如今也已发生氧化变成了暗色。

宝莲的私人饰物在优雅的蓝色织物上显得非常精致，细腻的设计和金光灿灿的颜色体现出画中贵妇人的声名及权势。作品画工精致，巧妙绝伦，这已经远远超过了画作所需的成本。

安东尼·凡·戴克

《威耳廷努斯和波莫纳》，约 1627

布面油画
142 cm × 197 cm
藏于白宫
1959 年收入馆藏

　　画作情节取材于奥维德的《变形记》，森林中美丽的仙女波莫纳，为了专心照顾她的花园，拒绝了所有追求者。威耳廷努斯便是这些追求者之一，他是掌管季节变化的神，有权力改变气候。为了赢得波莫纳的爱，他伪装成各种模样，但始终没有成功。最后，他化身为一位和蔼的老妇人，波莫纳就让他进入她的花园；之后这个乔装的神就开始恭维波莫纳的美丽，然后对她说威耳廷努斯有多爱她，最后设法征服了她。

　　安东尼·凡·戴克准确地捕捉到神话中的诗意，完美地展现了浓情爱意的甜美氛围，画中女性的身体柔软优雅，二人的神情与姿态隐约透露出一丝情欲气息。画家对光线的研究很明显受到威尼斯画派的影响，他通过柔和渐进的色调变化塑造出人物的体态，这在波莫纳身上体现得尤为明显。凡·戴克曾多次临摹提香的《达娜厄》——在罗马的法尔内塞宫，以及热那亚贵族收藏家乔瓦尼·卡洛·多利亚的家中。凡·戴克只要看到提香的作品，便立即摹画在自己的笔记本上。

亨德里克·阿维坎普

《与滑冰者的冬日旅行》，约 1630

木板油画
直径 22 cm
藏于红宫
1684 年收入馆藏

　　这幅优美画作的规格是依据市场以及收藏的需求而确定的。这种佛兰芒风格的类型画当时在热那亚广受欢迎，主要用于家庭装饰。这幅画的作者亨德里克·阿维坎普，也被称为"沉默的坎彭"，画作展现了与荷兰风景画最初风格截然不同的新特征。以此类作品的代表画家彼得·勃盖鲁尔为例，画面往往通过描绘具体的人物与活动来描述佛兰芒日常生活的景象，背景往往具有鲜明的季节性。画家通过俯瞰的角度展现画面，这种俯视的描绘另辟蹊径，从高处的视野角度进行场景设置，同时利用 17 世纪 20 年代末开创的圆形画屏模式。

　　阿维坎普擅长描绘冬日景象，他描绘了故乡结冰运河上人们的生活与娱乐，氛围轻快而喜悦，因而画作也被称作《冬日的愉悦》。值得一提的是，这类小品一般生动欢快的场面却可能被其他画家赋予完全相反的意义：弗兰斯·汉斯与彼得·勃盖鲁尔也有相同主题的刻版画作品，而他们则借助冰面试图表达人类的脆弱。

布面油画
153 cm × 189 cm
藏于白宫
来源不详

《波涛中自有宁静》，1630—1635

石柱上的格言是解读远景的关键，意在说明智慧之人所具备的过人品质，即在惨烈悲壮的场景前仍能保持镇定自若。

多梅尼科·菲亚塞拉是一位利古里亚画家，他经常接受重要的资助委托，18世纪30年代，在菲亚塞拉绘画技艺的全盛时期，他被热那亚共和国聘为御用肖像画师。这段时期，他深受达官贵人的青睐，创作了许多形式经典、构图新颖且带有鲜明自然主义的优秀作品。画家擅长利用光线与色彩的效果生动地表现画面场景。这幅作品描述了这样的室内场景：处于左侧的君主用手指向画布另一侧的几个人，其中包括沉思的阿那克萨图斯，这位哲学家被三位门徒围绕着，他们试图将哲学家的注意力转移到背景中正在上演的悲剧场面，然而阿那克萨图斯并不为之所动。

哲学家肩膀上方的柱子上刻着 "mediis tranquillus in undis"，意思为 "波涛中自有宁静"，意在表明 "在最艰难的时刻也应沉着淡定"。这曾是荷兰第一位君主古列尔莫·德·奥兰治的格言，后被奥拉齐奥用在他的书中，在17世纪至18世纪广为流传。该书由布雷德罗批注，雕刻家欧托·范·费恩（1556—1629）配图，菲亚塞拉正是借用了这本书来创作这幅作品。

彼得·保罗·鲁本斯

《维纳斯和战神》，1632—1635

木板油画
133 cm × 142 cm
藏于白宫
1889 年收入馆藏

　　这幅画可视为寓意画：爱神维纳斯降服了惊恐的战神玛斯，战神被充满魅力的维纳斯征服，因喝下了享乐之神巴克斯递给他的用银壶盛的葡萄酒而微醺。画面右侧，计策失败的愤怒之神愤恨地望着浓情爱意的维纳斯与战神。维纳斯身着 17 世纪的典型服饰，她姣好的面容和丰满的身材展现了鲁本斯式的典型风格，而战神则是典型的雇佣兵装扮。这幅画是鲁本斯成熟后期的杰作，据考察完成于 1632 至 1635 年间。

　　鲁本斯去世后，人们在其家中发现了一张清单，上面详细记载了画家生平的全部作品，这幅画作被列在其中。但是，清单中所描述的作品与这幅保存于热那亚的画作并非完全吻合，实际的画作上比记载中多了几位人物，这也并不令人惊讶，因为这类记录通常都不一定精确。清单上记载，这幅画作尚未完成，事实上鲁本斯快速的笔触、独特的创作技法也印证了这点。这幅画作首次为人所知是在 1735 年，当时它为红宫的乔瓦尼·弗朗切斯科二世·布里尼奥莱－萨勒所有。然而，根据最新的说法，画作在 1691 年就由卡拉塞纳侯爵从马德里带到热那亚。因此，1691 至1735 年这几十年间画作的归属问题尚无法确定。

维纳斯的形象并不像布里尼奥莱－萨勒家族画作名录中所记载的那样，而是以画家的第二任妻子为原型，而健壮成熟的战神也并非画家的自画像，而是描绘了范登·维加尔德家族中的一个成员——鲁本斯曾至少为其创作过两幅肖像画。

画作右侧，愤怒之神显然怒火中烧，在棕红色背景之上，画家运用鲜明的黑色与棕色笔触，与画面中心提香式的人物形象形成鲜明对比，人物色彩明亮，情感炽热，而背景则充满荒凉、毁败和破坏之感。

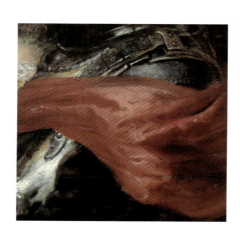

战神身着雇佣兵服装，或许是影射那些年雇佣兵践踏欧洲的战争。雇佣兵其实是马克西米利安一世·哈布斯堡在 1493 年所创立，以骁勇善战而著称，他们犯下的臭名昭著的罪行包括 1527 年的"罗马之劫"。

安东尼奥·特拉维（又称赛斯特里）

《牧羊人的礼拜》，约 1635

布面油画
102 cm × 152 cm
藏于白宫
1920 年收入馆藏

　　这幅精美绝伦的油画现收藏于白宫，它出自 17 世纪中期十分活跃的画家特拉维之手。这位艺术家在跟随贝尔纳多·斯特罗齐学习过一段时间后，受到了活跃在热那亚一带的佛兰芒风景画派的影响，他尤其推崇戈弗雷·瓦尔斯的风格，他的绘画主题也逐渐转向描绘小人物生活的热闹场景或残垣断壁的房屋，这种风格在 17 世纪末期逐渐形成独特的"优雅风景"画派。

　　特拉维的这幅作品完成于 1635 年前后，作品中他仅刻画了寥寥几人，这在其绘画生涯中极为罕见，表明特拉维已经摆脱了 17 世纪初托斯卡纳 – 伦巴第模仿主义的影响。特拉维开启了一个关注日常实际生活的绘画世界，他吸取了斯科尔扎、斯特罗齐、瓦萨罗以及乔瓦尼·安德烈·德·法拉利的绘画精髓，又以自己的方式加以诠释发展。除了借鉴热那亚画派，画作背景中残破门楣下站立的三个人物也透露出画家对于佛兰芒画派的思考和研究。整个画面呈现出宁静祥和之感，画中人物密集的前景部分光线明亮，隐含着一股强有力的自然主义力量。

弗朗切斯科·德·苏巴朗

《圣奥索拉》，1635—1640

布面油画
171 cm × 105 cm
藏于白宫
1889 年收入馆藏

人们在科隆郊区的一座天主教公墓内发现了一些年轻女性的遗物，由于错误解读了遗物上的铭文，人们便以 11 岁少女奥索拉为基础，虚构了一个公元 304 年 11000 名少女惨遭殉教的故事。据《黄金传说》中记载，布列塔尼国王是基督教徒，他的女儿奥索拉曾带领 10 名侍女与几千个女伴一同前往罗马朝圣。但在返回途中，她因拒绝嫁给不愿意皈依基督教的阿提拉而被残忍杀害。

弗朗切斯科·德·苏巴朗在宽大的画布上，运用自己的代表性手法，用肃穆动人的宗教氛围展现了这位圣女的形象。少女的服饰衣褶优雅，腰带贵重精致，表明了这位刚过 11 岁的少女的高贵出身。贞洁的少女侧身站立，转过头面向观画者，将刺杀她的利箭指向自己美丽的脸庞，这也是奥索拉圣人画像的主要特征。画面中人物的宏伟感与朴素的背景形成反差，画家则利用光与影的对比解决了这一问题，并突显了人物的立体感。画家为少女创作了完全新颖独特的姿势：她左手试图扬起裙摆，仿佛正踏着喜悦而迷醉的舞步。这幅作品应是系列画作中的一幅，完成于 1635 至 1640 年间，并被存放在西威亚诺修道院的圣器室内。该修道院内还保存有《圣奥菲米亚》（现藏于白宫），或许还收藏了《圣露菲娜》（现存于美国西班牙裔协会，纽约市）以及《圣伊莉莎贝塔》（现为范霍恩收藏，蒙特利尔市）。

乔阿基诺·阿塞雷托

《卡托自杀》，约 1640

布面油画
203 cm × 279 cm
藏于白宫
1924 年收入馆藏

普鲁塔克和塞内加曾经记述，卡托是恺撒最强大的对手，在投降面前他宁可一死。卡托战败，与其他贵族撤退到城内，他自认成王败寇，决定赴死来避免即将到来的投降和耻辱。画面中的斯多葛式英雄仿佛画家自己，阿塞雷托的性情阴郁且羞怯，他以超强的表现力展现了这一悲剧场景。油画的主角正双手打开自己腹部的剑伤伤口，身边的同伴正尽力救治。

在众人面前，卡托意志坚决，下手果断：他的胸部用色明亮，面容已经开始显现即将死去的惨淡颜色，身旁伸出的几双手更衬托了他的奄奄一息。四周的人物展现了环境的晦暗，如隐约可见的军帐，两道光源照亮了周围寥寥的几件物件：一支火把照亮了卡托的双手，他正要打开伤口掏出内脏，一根蜡烛照亮了盛放卡托衣物的盆子。这些物件的选择沿袭了北欧卡拉瓦乔画派的风格，1639 年画家在罗马时曾研究学习过这种风格，这也从侧面证明了这幅画作创作于 1640 年前后。

布面油画
136 cm×100 cm
藏于红宫
1874 年收入馆藏

路易吉·米拉多利

《诗琴女乐师》，约 1640

这幅画作最大的特点是极致简约：一位女子正在室内弹奏诗琴，她面前的桌子上摆放着总谱，散落着一些首饰，下方则是一只盛满金币的口袋。在女孩身后的壁龛里，一个头骨赫然在目，被画外某处的光源照亮，这道光线也映照在女孩青春动人的脸庞上，照亮了她的双手、桌子上的首饰和钱袋。

米拉多利在利古里亚学习绘画，但大部分时间在伦巴第大区工作，他的艺术创作中经常出现伦巴第—卡拉瓦乔式的光线处理手法以及西班牙画派（苏巴朗、里贝拉等）的用色方式。画家选用浓烈纯净的色调，描绘日常生活的主题，并暗含深刻的意义。珠宝、项链和金币象征稍纵即逝的快乐，而头骨是对万事皆空的诚喻。女乐师毫不为世俗所烦扰的形象是画面的绝对主体，她仿佛是跨越死亡与欢愉、真实与虚空的媒介。女乐师代表了崇高的情操，即看淡生死钱财，超越世俗的从容与和谐。

卡洛·多尔奇

《果园里的基督》，1643

铜版油画
40 cm×30 cm
藏于红宫
1728 年收入馆藏

这一小幅铜版油画创作于 1643 年，代表了卡洛·多尔奇在高雅形式和光线运用上的极高成就，他推崇自然主义，但喜欢选用浓烈的色彩。卡洛·多尔奇作为美第奇家族的肖像画家开启了他的职业生涯，随后，他完全投身于宗教画。从铜版到亲笔题字，都显示出他的巧思。画中人物表情痛苦，基督的朱红色袍子展现画家超凡的技法与表现力，圣杯、十字架、锥子以及钉子象征着天使带来了希望与救赎，也暗指耶稣面临的迫害与受难。

这幅画透露着明显的忏悔意味，意在使观赏者忆起《圣经》情节，铭记耶稣基督向世界宣布救赎的神圣消息。画作所呈现的精准笔法与柔和的宗教情感也出现在画家 17 世纪 50 年代的其他画作中。1728 年，这幅铜版画被乔·贾科莫·布里尼奥莱买下；1874 年，加列拉公爵夫人将红宫赠予市政府时，却把这幅作品留了下来，并带到了她位于巴黎的住所。

布面油画
99 cm × 125 cm
藏于白宫
1948 年收入馆藏

科内利斯·德·瓦尔勒

《探访病人》，1640—1644

这一系列画作原归科内利斯的老客户皮耶尔·弗朗切斯科·格里马尔蒂所有。这位资助人以帕马托尼医院保护者的形象出现在画作中，他坐在记录员与院长之间，记录员正专注地记录盘子中募集的捐款；院长则手持拐杖，望向一旁。皮耶尔·弗朗切斯科于 1642 年出资委托画家在三年内完成画作，因而可以断定它完成于 1640 至 1644 年间。

佛兰芒人科内利斯的画室在 1619 至 1657 年的热那亚很受欢迎，他惯用热闹的人群创作场景画，因而特别受到当地贵族的赏识。他曾创作 7 幅主题为悲悯人物的作品，大受热捧。7 幅画作既可单独欣赏亦可合为整体，因为它们都选用相同的背景环境，即真实确切的社会场景。白宫中所收藏的这幅作品就是最佳的例子，它画风精良，成为众多作品的典范。

这幅作品选景为热那亚帕马托尼医院，有着标志性庭院楼梯以及捐助人的雕像。画面描绘了神圣的周一，医院正在举行"大赦"仪式，即通过探访病人、捐助医院，热那亚共和国官员、贵族和外国使者都可以得到神的赦免。这幅画作与其他热那亚画派作品的不同之处在于画作主题，除了单纯表达宗教意义外，科内利斯还描绘了佛兰芒式的日常生活场景，以迎合热那亚贵族的品位。

安德烈·萨奇

《代达罗斯和伊卡洛斯》，约 1645

布面油画
147 cm×117 cm
藏于红宫
1748 年收入馆藏

这幅画很可能来自罗马的巴贝利尼宫，它描绘了古罗马诗人奥维德的作品《变形记》中的一幕，萨奇曾多次以此为题进行创作。伊卡洛斯的父亲、怪物米诺斯迷宫的建造者代达罗斯，为了逃离克里特岛安上了羽毛和蜡制成的翅膀。由于奥维德的叙述带有说教内涵，画作中较常见的是伊卡洛斯飞翔时坠落的一幕，旨在告诫年轻人"疯狂的冒险行为使他们从无上的荣誉跌至耻辱的深渊"。

这幅作品则恰恰相反。萨奇展现了这段神话故事的另一场面，父亲代达罗斯正在向儿子伊卡洛斯传授飞翔技巧，他充满关怀，饱含热泪，颤抖着双手在儿子稚嫩的肩上安上翅膀。萨奇刻画出了父子之间的一种充满关爱与引导的关系。两人的形象占据了整幅画作，宏伟威严，底部的光源雕刻出两人完美的身材，使人联想到古典雕塑艺术。这幅画作创作于17 世纪 40 年代，萨奇当时的作品中明显透露出古典主义倾向，这与彼得罗·达·科尔托纳的巴洛克式的丰沛人体画风形成对比。

巴托洛梅·埃斯特万·牟利罗

《逃亡埃及》，1645—1650

布面油画
263 cm×210 cm
藏于白宫
1684 年收入馆藏

这幅画原为塞维利亚的默塞德·卡尔萨达教堂所作。法国占领西班牙期间，苏尔特元帅将画作带至教会，后又转移至法国。苏尔特元帅逝世后，这幅油画被加列拉公爵拉斐尔·法拉利买下。这幅画是牟利罗职业生涯初期的杰作，约创作于 1645 至 1650 年间，画作以自然主义手法描绘人物的心理活动，对《圣经》福音书中的情节进行了诠释，对于新生儿耶稣的描绘尤为生动逼真。牟利罗将人物主体从福音书的情节中独立出来，表现了一个普通的农民家庭在乡村羊肠小道前行的场景，似乎要从一个城镇搬至另一个城镇。

画中人物的衣着，除了借用修士服与圣朱塞佩的大披风表现宗教氛围外，其他服饰都与画家所在的年代相符，甚至连人物的姿态和神情都取材于与画家同时期的世俗风格：他成功地将福音书中的宗教精神融入自己所处的时代之中。圣母玛利亚和圣朱塞佩神情专注，透露出一丝对未来命运的担忧，但同时他们对神的悲悯深信不疑，也因此信念坚定。甜美柔和的光线给场景带来了一种诗意般的细腻忧郁。

马蒂亚·普雷蒂

《克罗琳达拯救火刑架上的奥林多与索夫隆尼亚》，1646

布面油画
248 cm × 245 cm
藏于红宫
1684 年收入馆藏

在意大利著名诗人托夸多·塔索的作品《被解放的耶路撒冷》里，作者讲述了奥林多与索夫隆尼亚这对恋人的故事。由于被指控盗窃了耶路撒冷清真寺的圣物，基督信徒面临着被屠杀的威胁。为了避免这场灭顶之灾，出于对彼此的爱，奥林多与索夫隆尼亚同时认罪，希望以此解救对方以及所有基督教信徒。克罗琳达是一名勇敢的穆斯林女英雄，为了加入穆斯林战争刚刚抵达耶路撒冷。看到绑在火刑柱上正要被烧死的一对恋人，克罗琳达坚信他们是无辜的，便不顾宗教的戒律和偏见说服阿拉丁释放了这对恋人，并在战场上对他们倾力相助。

普雷蒂并未将主人公放在画面正中央，而是将他们置于场景边缘，熙熙攘攘的人群则占据了画面的中心，形成集体式场面，这与史诗的描述相一致，即所有的行动都要以大众利益为重。

这幅油画由红衣主教吉安·巴蒂斯塔·帕罗塔出资订购，用以与另一幅画《达蒙与女祭司》形成组画。《达蒙与女祭司》是描绘英雄情谊的另一幅代表作，是圭尔奇诺在 1646 年完成的。那些年，马蒂亚·普雷蒂在罗马，其画风受到了新威尼斯画派的影响，这尤其体现在画作广阔的维罗纳画派的透视效果上，同时，画面也展现圭尔奇诺式古典主义的手法，强调宏伟、活跃、富有戏剧化的场景。

圭尔奇诺

《垂死的埃及艳后》，1648

布面油画
173 cm × 237 cm
藏于红宫
1750 年收入馆藏

　　圭尔奇诺曾在其账簿中提到这幅作品，并称之为"克莱奥帕特拉"。1648 年 3 月 24 日，卡洛·埃马努埃莱·杜拉齐主教以 125 枚金币购得此画。杜拉齐的表兄是艾米利亚地区的主教特使斯特法诺·杜拉佐，受教皇支配和管理。17 世纪，艾米利亚绘画在利古里亚的城市很受欢迎。在这幅画中，埃及艳后在生命的最后时刻仍保持着良好教养，她选择被毒蛇咬了一口，以结束失败和囚禁的耻辱。

　　这幅画是圭尔奇诺晚期的作品。在圭多·雷尼去世后，圭尔奇诺来到博洛尼亚，他成为画派领袖，画风逐渐偏向古典主义，更注重将人物理想化，不断削弱丰富的色调，减少彩色画笔的使用。这幅油画正契合了这种画风的变革，仅仅运用两种色调巧妙地进行描绘：床单与克莱奥帕特拉的肤色是冷色调，枕头、壁龛的窗帘、从艳后胸口流出的酒红色血滴为暖色调。这些布置使整个场景看起来如同戏剧中的一幕。

布面油画
222 cm×172 cm
藏于白宫
1884 年收入馆藏

西尔维斯特·基耶萨

《圣乔亚奇诺·皮科洛米尼医治癫痫男孩》，1645—1650

据当地文献记载，西尔维斯特·基耶萨经常拜访卢西亚诺·波尔佐内的画室，很快便在人像描绘上展露出过人的天赋。34 岁时，画家被瘟疫夺走了生命，在他短暂的人生里只留下了这幅作品，但这足以证明他卓越的绘画技法。这幅油画展现了强烈的自然主义风格，比波尔佐内的作品更能彰显卡拉瓦乔风格的表现力与绘法。

这幅画创作于 17 世纪 40 年代中期，与《佩莱格里诺·拉齐奥》构成组画，最初悬挂在热那亚圣玛利亚教堂圣坛的两侧。基亚拉蒙特·皮科洛米尼（锡耶纳，1258—1306）14 岁时加入锡耶纳圣玛利亚教会，并更名为乔亚奇诺。画中描绘的情节改编自圣乔亚奇诺的传记，系教友兰贝托·达·普拉托所作。画面场景为阿雷佐修道院外，乔亚奇诺医治孩子时，神迹发生了，孩子露出惊讶的表情。画家尤为注重对人物面貌的描绘以及动作手势的真实描画，如患癫痫的男孩紧紧攥着的拳头，这来自画家对波尔佐内的学习和借鉴。但与波尔佐内相比，这幅油画展现更为严谨的自然主义风格。波尔佐内惯用恢宏的手法描绘背景空间，有时甚至会对画面进行夸张处理，风格与同时期西班牙画家委拉斯凯兹和牟利罗相仿，在这一点上，基耶萨与他们不尽相同。

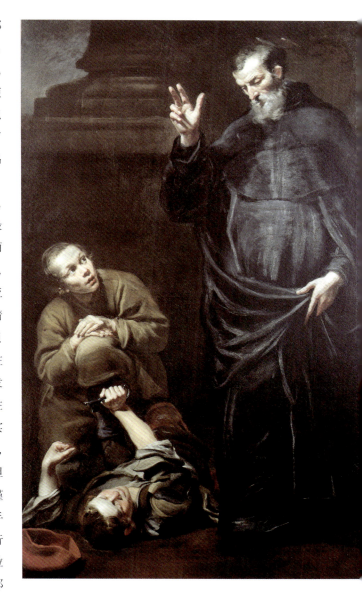

瓦莱里奥·卡斯泰罗

《穿纱衣的圣母玛利亚》，约 1650—1655

布面油画
72 cm×98 cm
藏于白宫
1964 年收入馆藏

　　圣母正准备为圣婴盖上被子，怕惊扰了他的梦，姿势十分温柔。画面构图精巧，笔触轻柔灵动，色调清新甜美。画家时而在原画上加入一层透明色，为圣婴卧着的床单增添了一丝轻盈感，着重突出婴儿的可爱与温和；时而运用大面积的浓烈色彩，描绘背景红色的呢绒缎以及圣母玛利亚的服饰。圣母的侧面轮廓被拉长，手指纤细，动作优雅，使人联想到帕尔米贾尼诺笔下的女性，但瓦莱里奥的风格受到凡·戴克构图的影响，少了些矫揉造作，画面更加直接。

　　瓦莱里奥出身于绘画世家，很早便显示出过人的天赋，他的绘画技艺超越了当地最优秀的大师，他常以国际知名大师为楷模，比如普罗卡奇尼、科雷乔、帕尔米贾尼诺、保罗·委罗内塞、鲁本斯和凡·戴克，这些画家的作品都是瓦莱里奥艺术创作的重要来源。瓦莱里奥经历了从巴洛克美学到洛可可风格的转变，成为 17 世纪最具个性与创新的画家。

格雷切托

布面油画
186 cm × 282 cm
藏于红宫
1684 年收入馆藏

《亚伯拉罕之迁徙》，约 1654

　　这幅油画描绘了《圣经》中的一幕，亚伯拉罕受神的指引，离开迦勒底的乌尔（古代美索不达米亚南部苏美尔的重要城市）迁往迦南。格雷切托尤为喜爱描绘车队出行这一宗教主题，因为他总能将不同的元素有机整合——如人物、动物、家什等，赋予与相同主题截然不同的新颖构图，同时在背景中保留《圣经》故事的主题。画面中亚伯拉罕身旁的人是萨拉，她是亚伯拉罕的妻子，在外邦的时候亚伯拉罕谎称她是自己的妹妹，由于萨拉不孕，她便让自己的女仆夏甲为亚伯拉罕生子。后来亚伯拉罕有了嫡子后，萨拉又设法将夏甲赶走。亚伯拉罕身旁还有女仆夏甲，她怀里抱着小以实玛利。画面右侧，石柱与古典大骨灰盒象征着永恒，同时也是画家借鉴罗马画家尼古拉斯·普桑最明显的证明。

　　画作展现画家极高的技艺，色彩鲜明而细致，如人物衣着浓烈的红色与蓝色；整个画面充满着"浪漫"的氛围，所有构图元素关系协调融合。通过画家的签名与近期的修复可以得知，画作创作完成于 1654 年前后，是画家绘画生涯晚期的代表作。

布面油画
60 cm × 45 cm
藏于白宫
1889 年收入馆藏

格雷切托

《耶稣·受难》，1660

格雷切托流畅的笔触来源于他一次次的尝试，最终将雕刻手法发挥到极致。他试图将雕塑技艺运用于画作，借鉴贝尔尼尼的雕塑手法，营造出"多齿形凿子"般的效果。

　　这幅画作的主题是格雷切托晚期最常研究的主题之一，当时画家致力于小幅画作的创作，主要用于个人欣赏。在这些画作中，画家采用平铺直叙的手法描绘神圣的题材，突显出耶稣受难的苦痛与内心活动。

　　画家大胆创新，超越了凡·戴克与贝尔尼尼的手法，以光线对比为基础创作场景，摒弃了对人物躯体肌理的细致刻画，而是利用彩色光线，着重表现棕色背景之上人物的动作姿态与整体场面。画作构图有意效仿凡·戴克，但格雷切托为人物注入了极为强烈的情绪，充满戏剧效果，仿佛到了爆发的边缘。这种绘画尝试激发了 18 世纪最伟大的画家亚历山大·马尼亚斯科的创作灵感，但不被同时代的画家卡斯蒂廖内认可。这幅画至少自 1684 年起便保存于布里尼奥莱家族的收藏中，画作刻意表现的磨损痕迹使人误认为这幅作品尚未完成。

科内利斯·德·瓦尔勒

《火枪手与骑兵之间的战斗》，1658—1659

布面油画
79 cm×99 cm
藏于红宫
1717 年收入馆藏

　　热那亚传记作家拉斐尔·斯安妮在 1674 年这样记述：画家的天才之处就在于，他能够塑造出形形色色的小人物。科内利斯在热那亚有许多推崇者，即使在他离开热那亚前往罗马后，仍备受青睐。他在罗马度过了人生的最后十年，这幅油画《火枪手与骑兵之间的战斗》就创作于这一时期，大约为 1658 至 1659 年。朱塞佩·玛丽亚·杜拉佐正是在罗马购得了这幅画作。

　　科内利斯·德·瓦尔勒能够准确地刻画人物的衣着与细节，注重其时代性。他完整地描绘了左边三人从准备开火到射击的一系列连贯动作：一人将枪头的利剑摘下，枪口对准旁边的骑兵。整个场景的动态都聚集在画面中央，着重强调了火枪手与突然赶来的骑兵的交锋。与画家在热那亚所创作的作品相比，这幅画在用色笔法上更加灵活，开创了"点画"式的作画风格，画面构图精准，天空中大朵的云彩则极具罗马特色。

布面油画
236 cm × 156 cm
藏于白宫
1892 年收入馆藏

乔·贝尔纳多·卡尔博内

《热那亚年轻小姐的肖像》，约 1660

这幅华丽典雅的画像是卡尔博内最杰出的作品之一，创作于 1660 年前后，是其晚期的代表作。卡尔博内很擅长描绘这种凡·戴克式的肖像画。画作并未透露这位女子的身份，但作画意图却极为明显：赞美这位风华正茂的热那亚姑娘，她住在她华贵典雅的家中，或许即将结婚，这在 17 世纪的热那亚象征着贵族的权力与财富。

这位年轻的淑女身体微侧，左臂紧贴着身体，右臂轻轻地掠过喷泉里涌出的水。画家巧妙地把握了年轻小姐的神情，她身着华服，神态骄傲又略显局促。画作也可从象征意义的角度加以解读：喷泉象征着生命起源，而海豚则象征着爱神维纳斯，因为在神话中，正是海豚牵引着维纳斯的战车。因此，画作也表现出对于年轻女性多子多福的祝福——她确实处于当母亲的年龄。画中描绘的风景仿佛画中画，既可自成一体，又与画面整体协调一致。事实上，凡·戴克画作中经常出现的人物与环境的融合在此画中并未展露。

这幅画展现了 17 世纪后半叶热那亚女性的流行风尚：服饰面料是带有纹理的光亮丝绸，上面编织有金银饰带；袖子是轻薄的蓬蓬袖，在肘部用黑色的蝴蝶结系紧；肩部和胸部有一层轻丝做的裹肩，上面点缀有细小的花卉图案。

多梅尼科·皮奥拉

《太阳神车与四季之神》，1687

布面油画
300 cm × 437 cm
藏于红宫
1679 年收入馆藏

　　曙光女神奥罗拉在前，阿波罗驾驶由马匹牵引的太阳神车，在风神的簇拥下赶走了时间之神。这幅画是多梅尼科·皮奥拉年轻时期构图最美的寓意画之一，1679 年被里多尔福·玛利亚·布里尼奥莱－萨勒买下，置于他在新街修建的宅邸的二层，用以装饰宏伟的主厅。根据家族习俗，宅邸的空间被分成四季（其中太阳指的是阿波罗，代表夏天，可以用狮子作为象征），这幅画现在仍然能够反映出它最初的位置，被完美地融入周围环境中，与房间主题形成呼应。

　　曙光女神奥罗拉身旁的花朵代表着春天，近景左侧的藤叶、葡萄与祭酒象征着秋天。冬季的化身为被风包围的戴着帽子的老者，夏季则是被水果、谷物和罂粟簇拥着的年轻姑娘，整个画面寓意家族的荣耀经久不衰。画面色彩丰富清晰，节奏明快愉悦，多梅尼科·皮奥拉将瓦莱里奥·卡斯泰罗的巴洛克风格与朱利奥·塞萨尔·普罗卡奇尼的画风相融合，形成了鲜明独特的个人风格，尤其体现在色彩过渡与面容神态所呈现的精妙效果上。

格雷戈里奥·德·法拉利

《不要触碰》，约 1690

布面油画
130 cm × 100 cm
藏于白宫
1913 年收入馆藏

格雷戈里奥·德·法拉利的优雅笔触在这幅华丽的作品中得以充分展现。这幅油画创作于 1690 年，有一幅对应作品也保存于白宫，画中描绘了托比亚和天使，系其子洛伦佐所作。

为了描绘《约翰福音》中的这个场景，法拉利采用了较为传统的肖像画法。画中，耶稣见到了在他坟墓旁哭泣的抹大拉，并拒绝了想挽留他的拥抱。这幅作品拉开了洛可可风格的序幕，德·法拉利受科雷乔的影响很大，画中人物的造型甜美柔和，风景色调精巧微妙，色彩浅淡。在画家笔下，耶稣复活这一神圣主题不再具有肃穆的神迹意味，而是用世俗肉欲的角度对其加以诠释。耶稣与抹大拉的重逢变得轻率自如，甚至像一桩风流韵事，这种解读与天主教改革时期传统肖像画的固有模式大相径庭。耶稣的姿势优雅矫揉，与作品整体倾斜的趋势相呼应；抹大拉的手势与耶稣的手势形成对照，而抹大拉满是褶皱的衣服也与耶稣轻薄的衣袍形成了对比。

巴托洛梅奥·圭多博诺

《被女儿们灌醉的罗得》，1694—1696

布面油画
224 cm×161 cm
藏于红宫
1696 年收入馆藏

据《圣经》记载，由于索多玛的人民亵渎神灵并且罪孽深重，上帝意欲毁灭该城，索多玛从此成了荒芜之地，唯有罗得和他的两个女儿因为神的旨意而得救。为了延续香火，大女儿建议妹妹将父亲灌醉，令其失去意识，这样她们便可以和父亲同寝而繁衍后代。他们的结合分别诞下摩押人与亚扪人的祖先。

利古里亚著名画家圭多博诺采用了这一《圣经》题材，以世俗的视角表现主题，他完美地呈现出两位少女玫瑰般娇滴的裸体：一位皮肤吹弹可破，另一位身姿妩媚，含情脉脉。在一次去帕尔马的旅行中，圭多博诺学习了科雷乔的绘画方法，对细节加以刻画，运用较为丰富明艳的色彩，画面新颖，引人入胜。圭多博诺成熟的艺术才能在画作中得到了充分展示，油画近景中的静物将赏画人的目光引向画作中心。受乔·弗朗切斯科一世·布里尼奥莱-萨勒的委托，为了装饰红宫的客厅，画家创作了包括这幅画作在内的四幅组画，共同描述了亚伯拉罕与其侄子罗得的故事，这些画作至今仍藏于红宫。当时的账簿记录了这些画作的首付款（1694 年）与尾款清付情况（1695 年与 1696 年）。

罗得和他的两个女儿来到山洞避难，而山洞外，远处的索多玛城连同所有居民一起葬身于火海。索多玛城的悲剧性毁灭与罗得和女儿们所行的淫秽之事形成了强烈对比，同时为即将发生的乱伦罪行埋下了伏笔。

在这些静物中，苹果象征着人类的原罪，鸡蛋象征着基督的救赎与爱。这一矛盾对立恰好与这一事件相吻合：罗得与他两个女儿的乱伦行为本身就罪孽深重，但这一行为从《圣经》的角度来讲是为了繁衍出义人的后代，如同一种献祭行为。

索多玛城大火前方立着的人像是罗得的妻子。上帝认为她也是义人，示意要救她，上帝命令在逃跑过程中切不可回头看城内正在发生的事，但罗得的妻子忽视了这一神旨，在转头的瞬间化作了一座岩柱。

109

多梅尼科·皮奥拉

《热那亚共和国的赞歌》，1700

布面油画
93 cm×69 cm
藏于白宫
1913 年收入馆藏

1684 年，总督宫被法国炸弹严重损坏。1700 年，朱斯蒂尼亚尼家族决定出资对总督宫进行修缮。多梅尼科·皮奥拉是热那亚最著名的画家，他的画室在之前几十年里已经出色完成了许多贵族的订购。为了获得大评议员会议室的穹顶设计权，皮奥拉向总督呈上了这张草图画稿，与其他艺术家的方案一同参与"竞赛"。所有艺术家的主题都是相同的：用寓意的方式颂扬利古里亚。在这幅画中，画家利用比喻手法展现了热那亚共和国的辉煌：智慧之神位于画作顶端，她身旁是智德、正义以及其他美德的化身，而海格力斯则正在追逐、驱赶罪恶。画作下部则描绘了热那亚英雄以及被他们所击败的敌人。

然而遗憾的是，皮奥拉最终并未成功赢得拱顶装饰工作。博洛尼亚的马肯托尼奥·弗兰切斯基尼获得了这项委托，他是艾米利亚古典风格的杰出代表。1777 年，一场大火烧掉了宫殿的绝大部分装饰，湿壁画也不幸被毁。修复工作交给了利古里亚美术学院的权威成员卡洛·朱塞佩·拉蒂，他决定忠实地再现皮奥拉的设计方案。尽管起初皮奥拉的设计并未获得认可，但时至今日，我们却可以在白宫大厅内欣赏到他的杰作。

布面油画
40 cm×30 cm
藏于白宫
1889 年收入馆藏

尼古拉斯·朗克雷

《园中之舞》，约 1735

朗克雷是华多的众多追随者中最富才华也最具独创性的一位，他没有停留于模仿华多，而是一步步地成为华多的对手。他尤擅描绘贵族在花园嬉戏的类型画，因此成功进入了美术学院。此外，他也创作历史人物画、宗教画和舞蹈家与演员的肖像画。藏于白宫的这幅画作取景为一座雅致的花园，这是路易十五时期的旧制度下法兰西典型的聚会场景。油画中的两位主人公被茂密的植物环绕着，这些植物仿佛根据他们的动作做出了回应。

画中的女性形象很可能以芭蕾舞演员卡玛戈为原型。她因对音乐的精致品位、轻巧的身形和优雅的外表而闻名于法兰西，伏尔泰甚至将舞动的卡玛戈比作林中的白色睡莲。当时女性的时装和发饰都以她的名字来命名，卡玛戈对舞蹈艺术做出了极大的贡献。在这幅画中，朗克雷运用了比其他画作更加稀薄、更易晕染的色彩，因而也有人质疑画作作者应为朗克雷的同事，即与他同龄的让·巴蒂斯特·帕特，但此种假设随后遭到了否定。

亚森特·里戈

《弗朗切斯科二世·布里尼奥莱－萨勒》，1739

布面油画
101 cm×80 cm
藏于红宫
1739 年收入馆藏

　　这幅典雅的画作是里戈所作，他是法国国王路易十五的御用肖像画家。画作描绘了 1739 年在巴黎就任热那亚共和国驻巴黎的大使弗朗切斯科二世·布里尼奥莱－萨勒。17 世纪 90 年代，里戈开始专门为宫廷创作肖像画，如将军、君主与外交官，他笔下的肖像人物栩栩如生，笔法和构图庄严肃穆，无论半身像抑或全身像，其背景都遵循建筑学和风景画的方式画成。他的画法受到安东尼·凡·戴克的影响，但在画面处理上更为严谨肃穆。

　　与这幅画相对应的画像描绘了巴蒂娜·拉吉——弗朗切斯科二世的妻子，画作明显想要满足订购者的要求，即让自己和自己高贵的家族永垂不朽。这幅肖像画展现了弗朗切斯科二世身体的四分之三部分，画中的他身着华丽盔甲，披着优雅的天鹅绒长袍，冷色调的紫红长袍反射出奢华典雅的亮光。画作的背景是一片繁茂的树林，右侧立着一根洁白的大理石石柱，这也是凡·戴克肖像画中时常出现的元素，有着明确的象征意义：大理石是一种昂贵的材料，尤用于贵族王宫的建造，在肖像画中常用以暗示权力与财富。

阿历山德罗·马尼亚斯科（又称利桑德力诺）

《在阿尔巴洛花园的逗留》，约 1740

布面油画
86.3 cm × 198 cm
藏于白宫
1897 年收入馆藏

在热那亚的画家中，阿历山德罗·马尼亚斯科或许是在热那亚以外地区最为声名显赫的一位。1735 年重回故乡之前，他主要在米兰活动，同时也一直保持着与热那亚的联系。这幅藏于白宫的杰作创作于他职业生涯的最后几年，对微小人物的高超描绘体现了马尼亚斯科在艺术上所取得的卓越成就。在创作这幅画作时，马尼亚斯科已经脱离了大师独立创作，如风景画家安东尼奥·弗朗切斯科·佩鲁齐尼、废墟画家克莱蒙德·斯佩拉等——他们曾为马尼亚斯科的许多画作设计布景，但现在他完全有能力稳妥地构建整个画面。他笔法精练，用光线的明亮部分突出房屋轮廓，并用迅捷的笔触使风景充满生气。画面构图显然经过精心设计，这是画家在画室经过多次构图上色后最终完成。

画面的下半部分，形形色色的人物聚集在花园里，他们周围是残破的城墙，人物各具特点，神情栩栩如生。马尼亚斯科借鉴北欧风土人情画以及印刷品，形成了自己成熟的艺术风格。画家常年浸淫其中，经历了启蒙运动早期的艺术变革，他借由人物流露出的上流社会的高傲神情，暗指这一社会特权阶层行将衰亡。

本画的场景取材于萨卢佐别墅花园，因而画面中出现了圣母蒙特教堂的剪影。实际上，教堂的外观十分模糊，几乎无法辨别。对萨卢佐家族来说，得到这个圣堂的庇佑是很重要的。

画中展现了平民生活的全貌，从比萨尼奥河东岸的阿尔巴罗山上望去，整座城市被 17 世纪的城墙围绕，一部分更是沿着水渠而建。从高处俯瞰，整个画面从城墙内卡利尼亚诺地区的圣莱昂纳多修道院一直延伸至城郊的圣弗罗托索修道院。

被紧身女服束得喘不过气的贵妇人，身着花边装饰礼服的骑士、高级教士和修士，这些都是冒险小说里的人物，马尼亚斯科赋予了他们古时制度下享乐主义的优雅，与地平线上起伏有致的风景相呼应。

安东尼·凡·马龙

《安娜·皮埃尔·布里尼奥莱 – 萨勒》，1792

布面油画
133 cm×97 cm
藏于红宫
1792 年收入馆藏

凡·马龙是德国画家门斯的学生，他在肖像画领域尤为出色，懂得如何赋予画像一种文雅奢华的风格，他的作品表现出一种清新自然的写实主义。他于 1792 年安娜·皮埃尔在热那亚居住期间为她作画。当时她年仅 27 岁，却已经表现出独立自主、不随波逐流的性格。她是锡耶纳新贵族的一员，1786 年嫁给了安东尼·朱利奥·布里尼奥莱 – 萨勒。搬到热那亚后，她应丈夫的要求，按照欧洲的主流品位照料并修缮他们在红宫最高层的房间，不过她所创立的沙龙受到了对她存有疑心的热那亚共和国的监视。她开放地接纳启蒙运动思想，许多外交官、艺术家、文人都常与她来往。

安娜·皮埃尔在巴黎居住的一段时间里，与巴黎上流社会的人物结识，而丈夫的过早离世迫使她进一步维护这些关系。1805 年，她参与了当时利古里亚共和国请求——与法兰西帝国结盟的外交交涉，其正式合并协议就是在红宫签署的。被帝国接纳的贵族可谓凤毛麟角，而安娜·皮埃尔不仅获得了帝国伯爵夫人的称号，更陪伴拿破仑的第二任妻子——奥地利女大公玛丽亚·路易莎，从巴黎一路颠簸到维也纳。1815 年，安娜·皮埃尔在美泉宫去世。

安东尼·凡·马龙

《热那亚共和国执政官米开朗琪罗·坎比亚索》，1792

布面油画
258.5 cm × 181.2 cm
藏于白宫
1981 年收入馆藏

米开朗琪罗·坎比亚索是老帝国到拿破仑时期热那亚首屈一指的人物，他长于罗马，在严格的晋升体系中步步高升，于 1791 年参选执政官。他裁决公正，但工作时不分轻重。他在任期内担任要职，在法国革命时主持大局。这幅画作描绘了庄重正统的人物形象，画作的比例与色彩运用超群绝伦，绘画技艺炉火纯青，虽然执政官姿态庄重，按照礼节站立，但画面效果仍然逼真自然。执政官身后的人物形象暗指热那亚与利古里亚，他们在专注地交谈，从画面结构上弥补了右上部分的石柱和帷幔留下的空白，并引人望向背景里的灯塔，即热那亚的象征。执政官身旁的桌上摆放着执政官的标志物品，逼真自然，这在 18 世纪的执政官肖像画中并不常见。画家表现了具体确切的事物（如珍贵布料的真实触感），而非戏剧舞台上华而不实的道具。

凡·马龙赋予了正统人物肖像光彩夺目的效果和高超的艺术魅力，他还创作了 4 幅执政官装束的私人肖像。这幅画展现了热那亚执政官肖像画中所有的典型元素：貂皮斗篷、红色服饰、权杖和冠冕、宝座、铺好的桌子、石柱、帷幔和东方地毯。

莱昂·柯涅

《加列拉公爵夫人玛丽亚·布里尼奥莱－萨勒·德·法拉利和她的儿子菲利普》，1856

布面油画
200 cm × 148 cm
藏于红宫
1856 年收入馆藏

在热那亚，"加列拉公爵夫人"的名号比其本名玛丽亚·布里尼奥莱－萨勒更为人所熟知，她是热那亚最慷慨的人物之一。作为布里尼奥莱－萨勒家族中最年轻的继承人，她大部分时光在巴黎度过。她的丈夫拉斐尔·德·法拉利是当时最能干、最成功、最有钱的金融家之一，主要在巴黎展开商业活动。在丈夫去世后，加列拉公爵夫人在法国和热那亚建了许多救济院、医院和孤儿院。1874 年，她把布里尼奥莱－萨勒家族的宅邸红宫连同她自己的艺术收藏都赠给政府，以纪念家族永恒的荣耀与慷慨。1889 年，她又在遗嘱中将白宫及一批数量庞大的画作和雕塑捐出，正是这些捐赠构成了新街博物馆的收藏主体。

柯涅是当时上流社会最青睐的肖像画家之一，他能发掘人物内心最深处的情感，曾在加列拉公爵夫人的巴黎住所马提翁宫为她作画，马提翁宫现已成为法国总理官邸。作画时，加列拉公爵夫人将次子菲利普抱在怀里，菲利普将手臂支撑在布里尼奥莱家的《圣经》上，这是从 13 世纪流传下来的饰有袖珍画的珍贵手抄本。玛丽亚似乎对儿子漠不关心，而是将满是忧郁的目光投向了大理石半身塑像；半身塑像投射在背景墙上的镜子里，塑像主人公是她的长子安德烈，他 14 岁时不幸夭亡，跪凳上的玫瑰也暗指脆弱的花朵行将凋零。

格雷戈里奥·德·法拉利

壁画
藏于红宫

《夏日寓意画》，1686—1687

1686 至 1687 年间，格雷戈里奥·德·法拉利在以夏季为主题的大厅穹顶中央创作壁画，他描绘了太阳神阿波罗以及狮子座，既因狮子座代表夏季，也因布里尼奥莱家族的纹章是狮子，而狮形纹章也在镀金石膏柱上反复出现。这组壁画的出资人乔·弗朗切斯科一世显然希望通过这些家族标志来颂扬家族的光辉历史和伟大影响力。

画作中心人物的一旁是美丽的丰收女神克瑞斯，她怀里抱着一束麦穗。穹顶边缘画着一个有翅膀的年轻男人，他是夏至之神，而另一侧则是手持权杖的赫拉，她象征着夏季的另一个星座——巨蟹座；在神话里，当英雄赫拉克勒斯与赫拉抚养的九头蛇打斗时，赫拉克勒斯的脚被赫拉召唤来的一只螃蟹咬住。从那以后，那只螃蟹就成为人们所熟知的第四个星座——赫拉为了感谢它的忠诚将其安置在天上。大殿的另一侧绘有两个人物：一个是牧神潘，他爱上了仙女裘林克丝，而仙女为了逃避他乞求宙斯把自己变成芦苇，于是潘用这根芦苇做成芦苇笛，并以爱人的名字为它命名；另一个是阿尔奇涅，她是一位非常美丽的少女，因为众神的怜悯得以和丈夫一起变成飞鸟。湿壁画的底部是立体效果的装饰，与石膏相得益彰。

保罗·吉罗拉莫·皮奥拉

《废墟敞廊》，1689

红宫内最完整、最主要的装饰位于乔·弗朗切斯科一世·布里尼奥莱－萨勒的房间，在这里，绘画、雕塑以及住宅外部的环境被巧妙和谐地融为一体。墙面的湿壁画融合了天文学、纹章学、神话学元素，用以颂扬家族经久不衰的荣光。敞廊位于宫殿二层，坐北朝南，透过窗外可以看到热那亚历史中心的建筑房顶，还能观赏到天空中太阳东升西落的完整景观。

敞廊穹顶上的整组壁画具有象征意义，太阳代表着贵族地位，其周围的月亮是以狄安娜和恩底弥翁的神话形象出现的，系保罗·吉罗拉莫·皮奥拉于1689年所作。神话故事在破败的宫殿中展开，壁画细节传神，如脱落的灰泥暴露了墙上的砖。壁画与敞廊的石膏踢脚线完美融合，构成虚实相映的视觉效果。据传，1684年，法国对热那亚进行了轰炸，在目睹宅邸受损后，保罗·吉罗拉莫·皮奥拉以此为基础创作了这组湿壁画。

佩林·德·瓦加

羊毛和丝绸
363 cm×630 cm
藏于红宫
1891 年收入馆藏

《绘有战神玛尔斯和怪诞图案的挂毯》，约 1540

　　这幅巨大的挂毯属于已知三个系列中的第二类，是为热那亚历史上的重要人物、大将军安德烈·多利亚所绘，用以装饰这座 1528 年开始建造的奢华宫殿的宫室。这个系列的主题为"古典神祇–多利亚"，每幅挂毯上都描绘了一位神祇的象征物或是寓意画。绿色的织物背景上布满精心绘制的怪诞图案，底部中心描绘的是戴着面具的农牧之神，两侧是植物形态的对称元素：畸形怪物、丘比特、老虎、飞禽，挂毯中心是一副盔甲和两座监牢，这象征着战神玛尔斯。

　　这些怪诞图案织法精妙，源于古罗马文化，与梵蒂冈长廊的肖像画符号完全一致，这是由于挂毯草稿的作者佩林·德·瓦加曾在梵蒂冈与拉斐尔合作过。1527 年罗马之劫后，佩林·德·瓦加来到热那亚，应安德烈·多利亚的要求，负责装饰他的宫殿，为热那亚绘画艺术的变革做出了巨大贡献。挂毯左下方波纹线脚处的印花表明挂毯是佛兰芒工艺的珍贵制品。

胡桃木（心材）/ 胡桃树根（贴面）
云杉（构架）
156 cm×76 cm×107 cm
藏于红宫
1940 年收入馆藏

抽屉的把手是留有胡须的头部以及留髯的土耳其人的样式，而这种写实的表现手法恰好印证了此类木器制作既根植于当地建筑装饰的习俗，又吸收教堂雕刻以及船头雕刻的手法这一特点。

　　利古里亚地区有一种介于雕塑与手工艺品之间"布娃娃"式家具生产方式，为文艺复兴中晚期僭主宫殿量身定做。抽屉周围雕有精致的串珠与纺轮，这削弱了五斗柜的厚重庞大之感。柜脚以及桌面边缘呈爵床叶状，这些装饰元素起源于文艺复兴时期，在热那亚的建筑装饰中十分常见，无论是壁画、石膏画抑或大理石像上，都可以见到类似的元素。

　　正是这些高浮雕以及圆雕小人像，使得这类手工制品别具一格，体现了制作者精湛的雕刻手艺，也展现了原料自身的坚固性。演奏乐器的小孩、女性雕像以及穿戴盔甲的战士，沿着柜子前沿的棱角依次排列，在凿子的飞快击打下，这些形象清晰生动，栩栩如生。最上方的两个抽屉之间笔直地雕有小孩样式的徽章，徽章两头是金属质地的双头鹰样式，这一徽章可能暗指热那亚与西班牙哈布斯堡王朝之间的政治与经济关系，国王查理五世曾于 1533 年到访热那亚。这件五斗柜创作于 16 世纪末，与之后的巴洛克风格相比，这件作品的装饰则有点缺乏变化与动感。

吉辛托·布兰迪

《钟》，1655—1665

132.5 cm × 91 cm × 36 cm
藏于红宫
1935 年收入馆藏

乌木化的木料嵌有大理石与彩宝，包括西西里碧玉、紫水晶、青金石、光玉髓、雪花石膏；镀金青铜；钟面涂铜。

1924 年，一位热那亚收藏家在古玩市场购得了这台雄伟的座钟，但对于这台座钟的创作缘由及归属地则毫无所知。这台座钟体型庞大，用料珍贵，其钟面如同祭坛画一般嵌于数根柱间，其建筑结构设计得像极了宗教改革后的祭坛，由 17 世纪罗马最为著名的钟表匠彼得·托马斯与朱塞佩·坎帕尼亚兄弟所制。17 世纪 50 年代时，兄弟二人对座钟进行调整，将钟表上的刻度变为透明，使其在光线照射下清晰易读，并且将其放置在盒子里，以使钟表变得安静，成了"听不到时间喧闹的钟"。首位出资人应是亚历山大七世，他因受失眠折磨，一直在寻找解决钟表噪声过大的办法。

钟表铜面上的画作《圣杰罗拉莫与审判天使》出自吉辛托·布兰迪之手。作为罗马巴洛克风格的杰出代表，吉辛托·布兰迪借鉴了当时罗马偏爱的绘画与建筑形式，将之与新威尼斯画派的用色方法相结合，采用戏剧与话剧的方式诠释了这一主题。

大理石
高 146 cm
藏于红宫
1707 年收入馆藏

贝尔纳多·斯基亚菲诺

《化身天鹅的宙斯与刚从蛋中孵出的
海伦与波吕克斯》，1707

这组著名的群像取材于希腊神话，节选于奥维德的《变形记》，描述了化作天鹅的宙斯与勒达结合生下海伦和波吕克斯的故事。这组雕像由多梅尼科·帕罗蒂等人于 1707 年完成，拉开了意大利红宫"山洞馆"讲述故事的序幕，该房间位于红宫一二楼之间的夹层，帕罗蒂受安东尼·朱利奥二世·布里尼奥莱－萨勒所托，在该房间的墙上创作湿壁画以描绘罗马起源，他依次描绘了帕里斯与海伦的故事、特洛伊的覆灭、罗马城的建造者即这对双胞胎的童年。另一组《罗慕路斯、雷慕斯与母狼》群像也采用了这一主题。

这组雕像由多梅尼科·帕罗蒂设计，弗朗切斯科·比吉雕刻完成，作品署名为贝尔纳多·斯基亚菲诺。雕塑展现了 18 世纪最为典型的风格，并与室内整体的装饰壁画有机结合。在这组大理石群雕中，天鹅浑身的羽毛因钻刀的处理显得粗糙不平，与小孩光滑柔软的皮肤形成了鲜明对比，这也体现了雕刻技术的卓越之处。这座雕像原为喷泉的喷口，被放置在沃尔特里加列拉别墅花园的岩洞中。

卢多维科·弗朗切斯科·佩里尼

紫水晶面壁桌，1739

雕木与镀金木料
紫水晶与镀金青铜
92 cm×202 cm×97 cm
藏于红宫
1739 年收入馆藏

18 世纪末至 1874 年红宫收归热那亚市政府期间，布里尼奥莱－萨勒的后嗣很少住在位于新街的宅邸。也正因如此，大多数珍贵的家具并未受到改造，得以完整保存。热那亚现存最为珍贵的壁桌由里多尔福·布里尼奥莱－萨勒购得，1739 年，他令人在罗马制作了一块极为珍贵的紫水晶板。

"首席石匠大师"卢多维科·弗朗切斯科·佩里尼的作品具有类似于"中国风"的风格，他负责制作镀金青铜质地的桌子边缘，这一工作使他在热那亚赚到了 1599 里拉，是保存在红宫的精美雪花石膏雕花制作费的 4 倍。镶嵌工作的结尾是在桌面放置水晶，水晶以光环的形式和椭圆的走向，一圈圈地向外沿铺展开来。壁桌的底座是由雕木以及镀金木料制成，保留了洛可可风格最初流入热那亚的样式。桌腿是将鹰、龙以及花束经过大胆的变形设计而成，高贵雅致，狮子头与动物蹄的形状则代表了家族徽章。这件精美的壁桌起初是作为里多尔福幼子的聘礼，用于装饰婚后新居，但 1760 年，里多尔福继承了长兄所拥有的红宫，壁桌自此便存放于红宫。

铜质
55 cm×44 cm
藏于图尔西宫
1892 年收入馆藏

青铜酒桶，1596—1606

这件青铜葡萄酒半桶上刻有热那亚共和国的盾形纹章和 1596 至 1606 年的日期，并附有铭文：1606 年半桶 39 品脱增加到 40 品脱。这件酒桶是市政府 190 件测量重量与计量器皿藏品中的一件，其他藏品包括各种不同类型的量器：测油、酒、谷物的体积量器，测布料的长度量器，以及测各种物品的重量量器（其中一些最古老的藏品可追溯至 15 世纪）。1805 年，十进制从法兰西帝国传至热那亚，而这些计量器具早在十进制系统引入之前就已投入使用。为了保证其完整性、防止变质，青铜器具存放于圣洛伦佐大教堂，而铁、红铜以及玻璃制品则存放于审查会。审查会是一个主管贸易规范的机构，它负责监管商人，以防他们出于自身利益破坏计量统一规范，而在商业交易中所使用的量器也需要定期核查、盖章通过。展品中还有一些铅制器具，可能来源于造币厂，还有黄铜制品，它们大大增加了文物种类的丰富性。这些来源于"真实生活"的展品，正是热那亚人在商业贸易方面富有天分的绝佳证明。

底座直径 14 cm
瓶口直径 14.5 cm
藏于图尔西宫，来自重症病院
1989 年收入馆藏

药用瓶（"盛水"），18 世纪（利古里亚）

　　图尔西宫的几个大厅中所展示的利古里亚陶瓷器可分为两组：一组由餐具构成，另一组则是药用器皿，这条路线为我们提供了重温制造历史的绝佳机会。利古里亚陶瓷器不仅在古老的热那亚共和国地区扮演了重要角色，在西方陶瓷器历史上同样具有重要作用。这种花饰陶器就是重要的物件，从 16 世纪到 18 世纪，这种陶器不断生产，成为古老的利古里亚共和国最重要的产业部门之一。

　　利古里亚陶瓷器几乎全部是单一的蓝色，产于热那亚，尤以阿比索拉城与萨沃纳城最为盛产。此盛水陶瓷瓶属于制药配件物品展，该展览汇集了两所历史悠久的热那亚医院（帕马托尼医院和重症病院）的展品，这两所医院都成立于15 世纪。无数留存至今的展品展现着意大利制药艺术中最为重要的财富，描绘宗教神话故事的巴洛克风格大陶瓷瓶则是其中最为迷人的展品，使人联想到当时热那亚大型宫殿长廊中的绘画与湿壁画作品。

丝绸，刺绣条纹天鹅绒
民间收藏纺织品
1917 年收入馆藏

礼服，18 世纪（法国或意大利）

如今，该礼服与其他各种不同来历的纺织品、礼拜用的室内装饰织物共同存放于纺织品与时尚研究中心。热那亚市政府所收藏的服饰约有 70 件，包括礼服、民间及宫廷制服、男女式套装以及一系列以女式为主的服装配件，这些服饰都遵循了 18 世纪末至 19 世纪初的流行风尚。正如这件展品所展现的那样，精工细作的礼服优雅精致，这源于 18 世纪末期常出入宫廷之人广泛传播的对于服装礼节的严格要求。

这套衣物的布料、色彩，特别是礼服和配套马甲上刺绣的分布和延展，均遵循了欧洲各国一致使用的区分不同地方要员的标准，象征了穿着该服装的官员等级。条纹天鹅绒布料上装饰有精致的花卉刺绣，沿衣边纵向延伸。该种装饰的历史可以追溯至路易十六时期，它影响了法国的流行风尚，也影响了制作这件礼服的意大利。

巴托罗梅奥·朱塞佩·瓜奈利·德尔·杰苏

小提琴"加农炮"、1742

尼可罗·帕格尼尼对于他出生的城市有非常深厚的感情，1837 年，他希望将自己珍贵的小提琴留在这座城市，以便可以"永久保存下来"。这把琴由克雷莫纳小提琴制作家巴托罗梅奥·朱塞佩·瓜奈利·德尔·杰苏在 1742 年完成，他习惯在签名时留下十字架符号。这件小提琴可能是 1802 年在利沃诺由法国剧团经理利夫龙赠给帕格尼尼的，这也是帕格尼尼最为珍爱的小提琴，因其饱满洪亮的音色而被他爱称为"我的加农炮"。他将这把小提琴视为自己身体的延伸，并借助它表达自己强烈的情感，他将这种激烈的情感称为"电光火石"。

1851 年 7 月 4 日，"加农炮"归市政府所有。1859 年，小提琴被放入水晶盒，水晶盒上还印有双层热那亚徽章图案。此后，这把小提琴长期作为珍贵纪念品保存，极少用于演奏。1869 年，"加农炮"首次亮相演出——为了确保提琴良好的保存状况，由专家定期演奏检测也是必要的。帕格尼尼的这把小提琴的主要部分都得以完整保留，提琴表面的漆也是最原始的，上面仍保留着帕格尼尼使用后留下的痕迹——他在拉琴时通常不使用腮托。

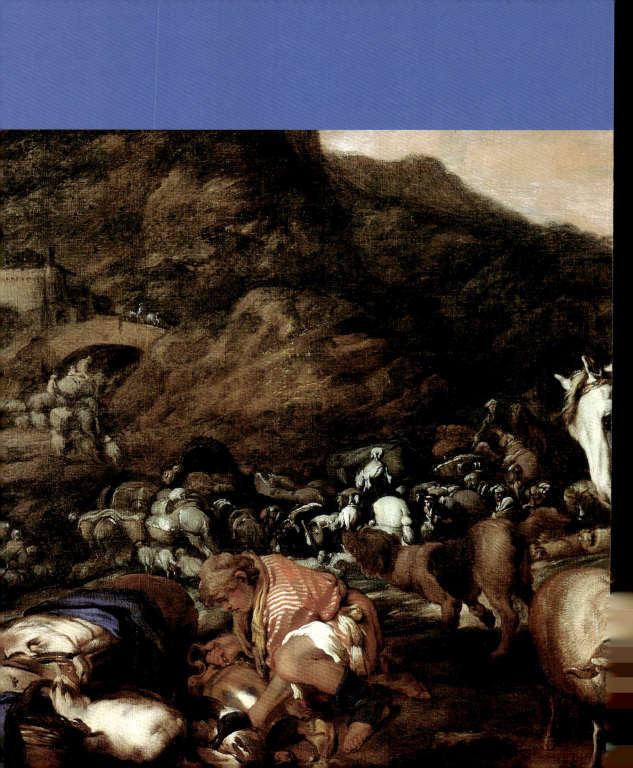

热那亚新街博物馆

地址：加里波第路 18 号

邮编：16124，热那亚

垂询方式

电话：+39 010 2758 098/ 2496 351

传真：+39 010 2475 357

电子邮箱：prenotazionimusei@comune.
genova.it

开放时间

周二至周五：09：00—19：00

周六与周日：10：00—19：00

闭馆日

每周一，所有宗教与世俗节日（除特别开放日外）

交通信息

飞机：从克里斯托弗·哥伦布机场乘坐机场摆渡车至马罗塞喷泉广场

公交：乘车 18、19、20、35、37、39、40、42 路到博泰罗站或马罗塞喷泉广场站下车

付费停车：邓南遮路，皮卡彼特拉广场，比亚乔路，阿瓜索拉海滨广场

火车：热那亚中心车站

导览服务

学校参观可与博物馆教育中心联系（电话：+39 010 2758 098）。团队讲解需在信息预约服务中心进行预约。

其他设施

语音导游

图书馆

书店

衣帽寄存处

红宫

第一层

□ 画廊

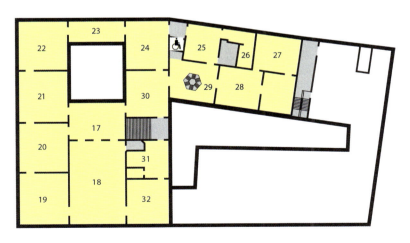

第二层

□ 老房间展示

147

艺术家和作品索引

皮耶特·埃特森
《厨娘》36—37

乔阿基诺·阿塞雷托
《卡托自杀》86

亨德里克·阿维坎普
《与滑冰者的冬日旅行》76

帕里斯·博尔东
《圣家族与圣杰罗拉莫和圣卡特琳娜》33

鲁契亚诺·波尔扎内
《基督受洗》60

吉辛托·布兰迪
《钟》134

卢多维科·布雷亚
《耶稣受难图》16

卢卡·坎比亚索
《烛光圣母》38—41

卡拉瓦乔
《试观此人》48—49

乔·贝尔纳多·卡尔博内
《热那亚年轻小姐的肖像》103

卢多维科·卡拉奇
《圣母领报》46—47

五斗柜 133

瓦莱里奥·卡斯泰罗
《穿纱衣的圣母玛利亚》98—99

西尔维斯特·基耶萨
《圣乔亚奇诺·皮科洛米尼医治癫痫男孩》97

莱昂·柯涅
《加列拉公爵夫人玛丽亚·布里尼奥莱 – 萨勒·德·法拉利和她儿子菲利普》122—123

杰拉尔德·大卫
《切尔瓦拉的圣杰罗拉莫多联画屏》22—23

格雷戈里奥·德·法拉利
《夏日寓意画》124—127
《不要触碰》106—107

科内利斯·德·瓦尔勒
《火枪手与骑兵之间的战斗》102

《探访病人》89

卡洛·多尔奇
《果园里的基督》88

阿尔布雷希特·丢勒
《年轻人画像》20—21

多梅尼科·菲亚塞拉
《波涛中自有宁静》77

奥拉齐奥·真蒂莱斯基
《怀抱孩子的圣母玛利亚》56—57

米歇尔·吉安波诺
《贵族画像》14

格雷切托
《耶稣受难》101
《亚伯拉罕之迁徙》100

巴托罗梅奥·朱塞佩·瓜奈利·德尔·杰苏
小提琴"加农炮"143

圭尔奇诺
《垂死的埃及艳后》96
《上帝和小天使》58

巴托洛梅奥·圭多博诺
《被女儿们灌醉的罗得》108—109

尼古拉斯·朗克雷
《园中之舞》111

菲利皮诺·利皮
《圣塞巴斯蒂亚诺、施洗约翰和圣弗朗切斯科》17—19
《圣母与圣婴》17

阿历山德罗·马尼亚斯科（又称利桑德力诺）
《在阿尔巴洛花园的逗留》114—117

礼服 142

詹·马苏斯
《仁爱》34—35

汉斯·梅姆林
《基督赐福像》15

青铜酒桶 140

路易吉·米拉多利
《诗琴女乐师》87

莫拉佐内
《圣施洗约翰被斩首》54

莫雷托·达·布雷西亚
《男性肖像》32

巴托洛梅·埃斯特万·牟利罗
《逃亡埃及》92—93

帕尔玛·伊勒·维齐奥
《圣母与圣婴在施洗约翰与抹大拉的玛利亚之间》
24—27

佩林·德·瓦加
《绘有战神玛尔斯和怪诞图案的挂毯》130—131

卢多维科·弗朗切斯科·佩里尼
紫水晶面壁桌 138—139

多梅尼科·皮奥拉
《热那亚共和国的赞歌》110
《太阳神车与四季之神》104—105

保罗·吉罗拉莫·皮奥拉
《废墟敞廊》128—129

马蒂亚·普雷蒂
《克罗琳达拯救火刑架上的奥林多与索夫隆尼亚》
94—95

朱利奥·塞萨尔·普罗卡奇尼
《圣保罗》61

圭多·雷尼
《圣塞巴斯蒂亚诺》53

亚森特·里戈
《弗朗切斯科二世·布里尼奥莱－萨勒》112—113

扬·鲁斯
《水果静物》68

彼得·保罗·鲁本斯
《维纳斯和战神》78—81

安德烈·萨奇
《代达罗斯和伊卡洛斯》90—91

皮尔·弗朗切斯科·萨奇
《圣隐士保罗、安东尼奥和亚拉廖内》28—29

贝尔纳多·斯基亚菲诺
《化身天鹅的宙斯与刚从蛋中孵出的海伦与波吕克斯》
135—137

希尼巴多·斯科尔扎
《两只鸽子和一只画眉鸟》52

贝尔纳多·斯特罗齐
《厨娘》64—67
《抹大拉》55
《圣母子和圣施洗约翰》59

安东尼奥·特拉维（又称赛斯特里）
《牧羊人的礼拜》82—83

乔斯·凡·克里夫
《圣母与圣婴》30—31

安东尼·凡·戴克
《安东尼·朱里奥·布利格诺－塞尔的肖像》69
《威耳廷努斯和波莫纳》72—75

安东尼·凡·戴克和扬·鲁斯
《宝莲·阿多诺的肖像》70—71

清朝瓷罐（将军罐）132

药用瓶（"盛水"）141

保罗·委罗内塞
《朱蒂塔和欧罗菲尔内》42—45

安东尼·凡·马龙
《安娜·皮埃尔·布里尼奥莱－萨勒》118—119
《热那亚共和国执政官米开朗琪罗·坎比亚索》
120—121

西蒙·武埃
《拿着歌利亚头颅的大卫》62—63

扬·威尔登斯
《收割干草》（又名《七月》）50—51

弗朗切斯科·德·苏巴朗
《圣奥索拉》84—85

图书在版编目（CIP）数据

热那亚新街博物馆 / （意）皮耶罗·波卡尔多等编著；孙迎辉译 . -- 合肥：安徽美术出版社，2024.8

（伟大的博物馆）

ISBN 978-7-5745-0474-5

Ⅰ.①热… Ⅱ.①皮…②孙… Ⅲ.①博物馆—介绍—意大利 Ⅳ.① G269.546

中国国家版本馆 CIP 数据核字（2024）第 042292 号

热那亚新街博物馆
RENAYA XINJIE BOWUGUAN

（意大利）皮耶罗·波卡尔多等 编著 孙迎辉 译

出 版 人：王训海   选题策划：熊裕明

责任编辑：熊裕明 刘　欢   责任校对：唐业林

责任印制：欧阳卫东

出版发行：安徽美术出版社

地　　址：合肥市翡翠路 1118 号出版传媒广场 14 层

邮　　编：230071

营 销 部：0551-63533604　0551-63533607

印　　制：济南新先锋彩印有限公司

开　　本：710mm×1000mm　1/16

印　　张：10.25

版　　次：2024 年 8 月第 1 版

印　　次：2024 年 8 月第 1 次印刷

书　　号：ISBN 978-7-5745-0474-5

定　　价：100.00 元

如发现印装质量问题影响阅读，请与我社营销部联系调换

著作权合同登记号　图字：12242130 号

Photo Reference

Archivio Fotografico del Comune di Genova / Massimo Listri

Archivio Mondadori Electa, Milano / Adolfo Bezzi

L'editore è a disposizione degli aventi diritto per eventuali fonti iconografiche non individuate.